BLUE GREEN ALGAE

神秘の古代食

AFA

ブルーグリーンアルジー

「はじめに」

私がブルーグリーンアルジー（AFA）と出会ったのは、18年ほど前のことです。20代のとき健康診断でC型肝炎と診断され、当時の治療ではインターフェロンという選択肢しかありませんでした。しかしこの治療法ではからだに負担がかかり過ぎるため、治療を拒絶し、しばらく様子をみることにしました。そんなときもからだに気を使わず、外食、偏食、飲酒が多かった私を見かね、母が手渡してくれたのがブルーグリーンアルジーでした。はじめは半信半疑でしたが、摂り続けてみると体調がよくなり、免疫力が落ちているはずなのに風邪を引くことも少なく過ごすことができました。

40代後半になると体力が落ち、ストレスが多い仕事をしていたために肝硬変と肝臓がんを併発。さらに肝硬変による静脈瘤破裂を起こし、まさに絶体絶命のピンチに陥りました。がんを陽子線治療で除去し、8回の内視鏡による静脈瘤の治療、最後にC型肝炎の治験新薬でウイルスを2週間で消滅させることができました。おかげさまで抗がん剤治療や外科手術をすることなく、何より副作用なく健康に過ごせるようになりました。

ブルーグリーンアルジーは薬ではなく、ただの食品です。しかし、私たちが生きるために必要な成分をバランスよく含み、すべての生物の原点で、強い生命力をもっているといわれています。アメリカのハーベスト会社の研究では200以上の成分が含まれ、まだまだ新しい成分が見つかると予想されているようです。

人のからだは食べ物でできています。こうして健康になれたのも、ブルーグリーンアルジーを摂取し続けたおかげと、感謝しています。今では、どんな治療をしても医師から「治りが早いですね」と言われますが、ブルーグリーンアルジーには炎症を鎮め、細胞を再生する成分も多く入っているようです。「病は気から」といいますが、病気を治そうというポジティブな気持ちになれたのも、「ブレインフード」と呼ばれるブルーグリーンアルジーの作用かもしれません。

ブルーグリーンアルジーをもっと多くの人に知ってもらいたいと思い、昨年、産地であるアッパークラマス湖（アメリカ）に行って原料を買い付け、安全で品質のよいものを国内で作るために製造メーカーを立ち上げました。今、多くの人が健康のためにたくさんのサプリメントやスーパーフードを飲んでいますが、ブルーグリーンアルジーは必要な栄養素を網羅した、スーパーフードを超越した「ハイパーフード」です。

本書ではブルーグリーンアルジーの特性をわかりやすく解説するとともに、ブルーグリーンアルジーを用いた30種類以上のレシピをご紹介しています。ぜひ楽しみながら暮らしに取り入れ、健康づくりに役立てていただければと思います。

坂野順造

Part1

ブルーグリーンアルジー・パワー

Part2

ブルーグリーンアルジー・ストーリー

Part3

ブルーグリーンアルジー・レシピ

Drink レシピ作成・しめぎひとみさん

Sweets

※本書で「ブルーグリーンアルジー」と表記しているものは、AFA（アファニゾメノン・フロス・アクア）という藍藻類の植物のことを指します。

ブルーグリーンアルジー

POWER《パワー》

35億年前から変わらぬ姿で生き続け、
強い生命力をもつブルーグリーンアルジー。
いったいどんな生き物なの？　どこで採取されるの？　含まれる栄養素や効果は？
ブレインフードといわれるけれど、どういいの？……など、
飲む前に知っておきたい基本についてご紹介します。

AFAのヒミツ1

世界最高の栄養源 100種以上の栄養素＋高い吸収率

人のからだの構成要素

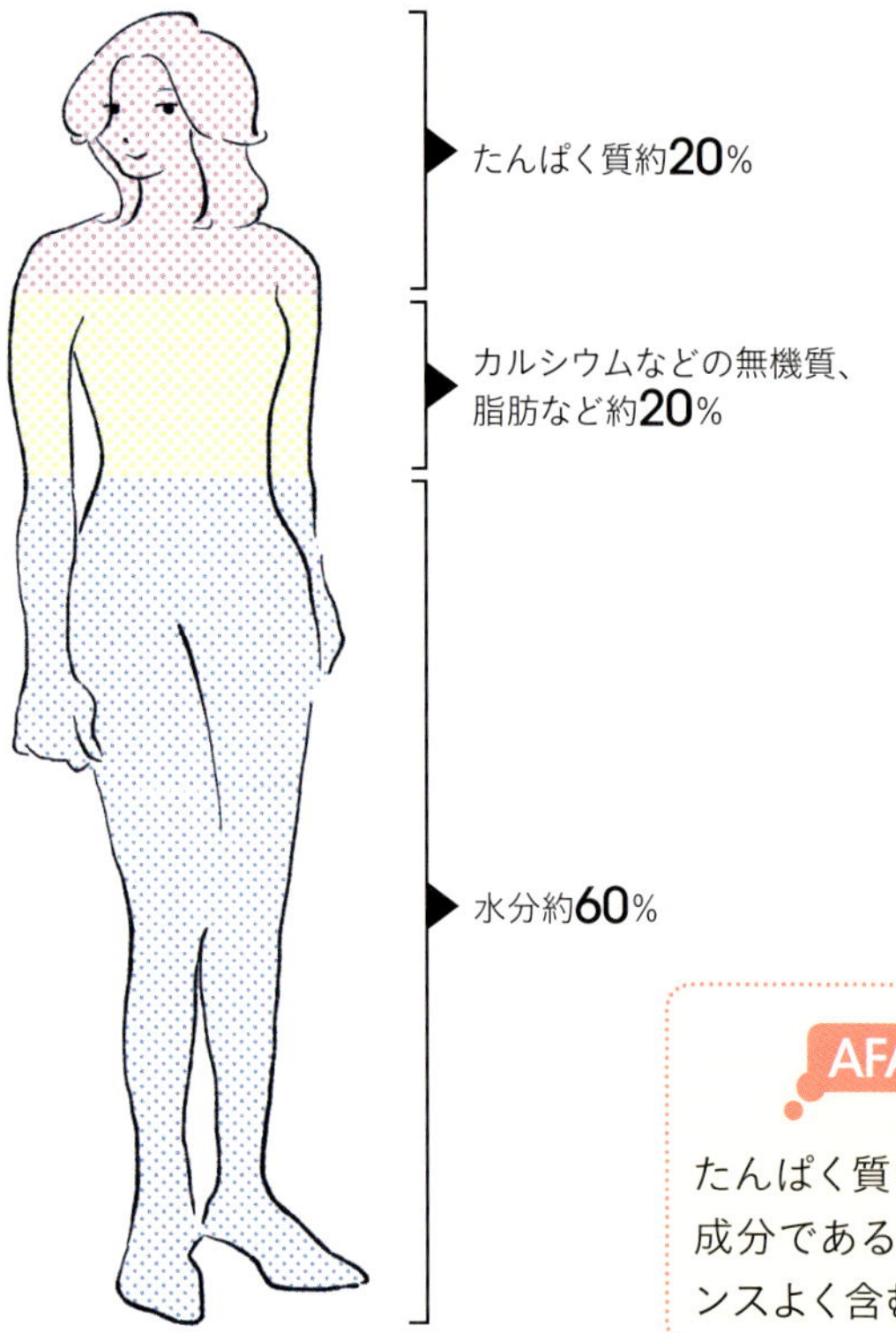

AFA Point

たんぱく質を構成する最小成分であるアミノ酸をバランスよく含む

多様な栄養素をもつ養殖できない天然の植物

一般的に「ブルーグリーンアルジー」といわれるスーパーフードは、「*Aphanizomenon flos-aquae*」（アファニゾメノン・フロス・アクア。以下ＡＦＡ）という藍藻《らんそう》類の植物です。本来「ブルーグリーンアルジー」とは50種以上ある藍藻類の総称ですが、商品名としてわかりやすいのでこの名前が使われている場合もあります。

近年スピルリナをはじめ、クロレラやミドリムシなどの藻類によるサプリメントが流行しています。これらの藻類は養殖によるものですが、ＡＦＡは養殖のできない天然の藍藻類であり、藻類とくらべてもとりわけ多様な栄養素を含んでいます。

人のからだに必要なアミノ酸20種類を含む

ＡＦＡは、私たちのからだを構成している主成分であるたんぱく質のもと、アミノ酸を豊富に含んでいます。

人は食品から取り込んだたんぱく質を体内で20種類のアミノ酸に分解し、それらをさまざまな形に組み合わせ、生命維持に必要な10万種類ものたんぱく質を合成しています。20種類あるアミノ酸のうち9種類（必須アミノ酸）は体内で作ることができないため、外から取り入れなければなりません。

ＡＦＡはこうした健康のために欠かせない9種類の必須アミノ酸を含む20種類のアミノ酸をはじめ、炭水化物、脂質、ビタミン、ミネラル、

AFAの栄養素

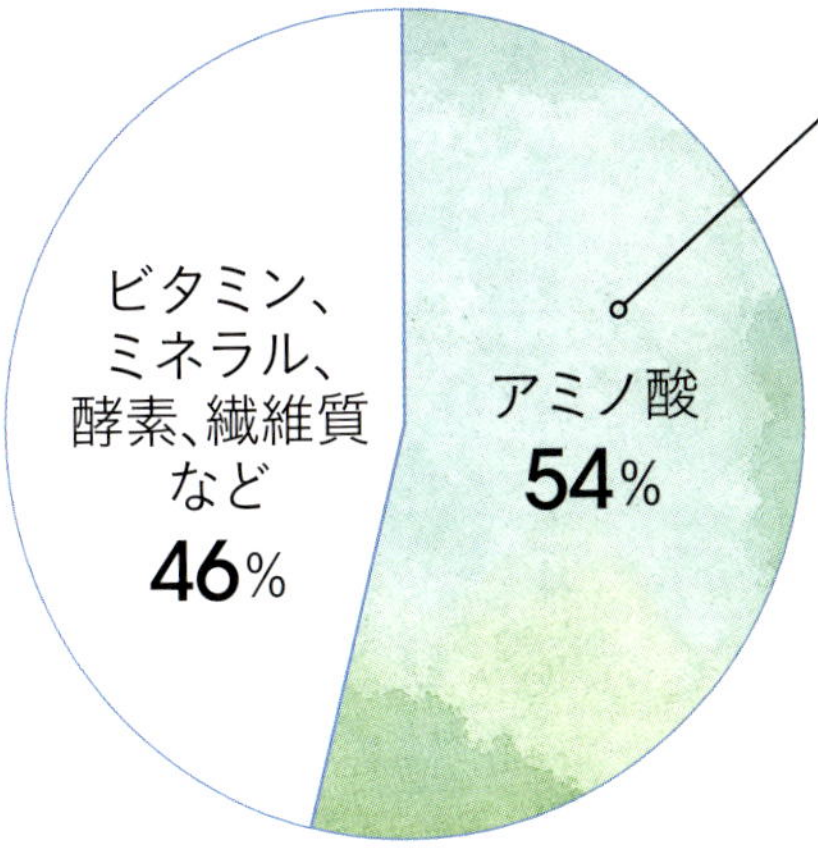

《 必須アミノ酸の主な働き 》

ヒスチジン／代謝プロセスを助ける
イソロイシン／エネルギー組成、筋肉組成、血中の糖の安定化
ロイシン／エネルギー組成、低血糖緩和
リジン／骨の育成、コラーゲン形成、慢性疲労緩和
メチオニン／肝臓脂肪、酸化防止、記憶向上神経伝達、気分向上、解毒
バリン／肝機能強化、血中の窒素バランスの調整
フェニルアラニン／血圧上昇、鎮痛作用
トリプトファン／コレステロール、血圧のコントロール
スレオニン／脂肪肝抑制、成長促進
アルギニン（※小児では必須アミノ酸に含まれる）／免疫系の向上、感染抵抗力の増強、筋肉形成、脂肪燃焼促進

《 AFAに含まれるビタミンの主な働き 》

ビタミンB1／炭水化物をエネルギーに変える、中枢神経・末梢神経の機能維持
ビタミンB2／皮膚や粘膜の健康維持、成長の促進
ビタミンB3／胃腸などの消化器の働きを促進、血行の促進
ビタミンB5／ストレスの緩和、脂質の代謝促進
ビタミンB6／たんぱく質の適切な吸収、皮膚の健康維持、神経系障害の予防
ビタミンB12／赤血球の生成、貧血予防、心臓病や脳梗塞の予防、精神状態の安定化
コリン／脂肪肝の予防、脳の老化やアルツハイマー病予防、記憶力や集中力の向上
ビタミンC／コラーゲンの生成、骨を丈夫にする作用、抗酸化作用による美容効果
ビタミンE／強力な抗酸化作用で老化防止、生活習慣病を予防
ビオチン／肌の新陳代謝を高める、 白髪・薄毛予防
葉酸／貧血予防、核酸・たんぱく質・脂質の生成をサポート

《 AFAに含まれるミネラルの主な働き 》

塩素／体液のアルカリ性を維持、筋肉・神経の興奮を弱める
鉄／ヘモグロビンなどの生成、疲労回復
ケイ素／爪・肌・髪の健康維持、老化予防
フッ素／虫歯を予防
マンガン／骨の生成、骨・肝臓の酵素の活性化
カルシウム／丈夫な歯や骨を作る、神経を鎮める作用
ホウ素／骨格を強くするなど骨を丈夫にする
リン／カルシウムとともに働いて骨を強くする、細胞の修復
銅／鉄とヘモグロビンの結合を助け貧血を予防
ナトリウム／カルシウムなど各種ミネラルの吸収を促す
マグネシウム／ある種の酵素作用を活性化、筋肉や心臓の働きを正常に保つ
ヨウ素／甲状腺ホルモン成分の分泌に関わる
カリウム／体内水分平衡、神経の働きをサポート
硫黄／軟骨や皮膚の再生を促す
亜鉛／味覚を正常に保つ効果、生殖機能の改善、たんぱく質の代謝促進

食物繊維や葉緑素、核酸、不飽和脂肪酸などをバランスよく含む完全栄養食品です。強力な抗酸化・抗炎症作用、デトックス作用などにより、免疫力や脳機能の強化、美肌や美髪、アンチエイジングなど、さまざまな効果が確認されています。

からだへの吸収率はほぼ100パーセント！

AFAはクロレラやスピルリナとくらべても細胞膜が薄いため、からだに速やかに吸収され、その吸収率は98パーセント以上であることがわかっています。消化吸収するために体内の余分なエネルギーを使う必要がなく、からだへの負担が少ないのもうれしいところです。

AFAの栄養素を最大限活用するには細胞膜や酵素を壊さずに体内に取り入れること。そのためにはAFA（AFAを乾燥させたパウダーなど）を水と一緒に飲むか、料理や飲み物などに入れるときには、40度以上の熱をかけないようにするのがおすすめです。

AFAのヒミツ2

35億年前から生きる生命体
豊かな自然に自生する奇跡の生命

AFA 自生地の環境

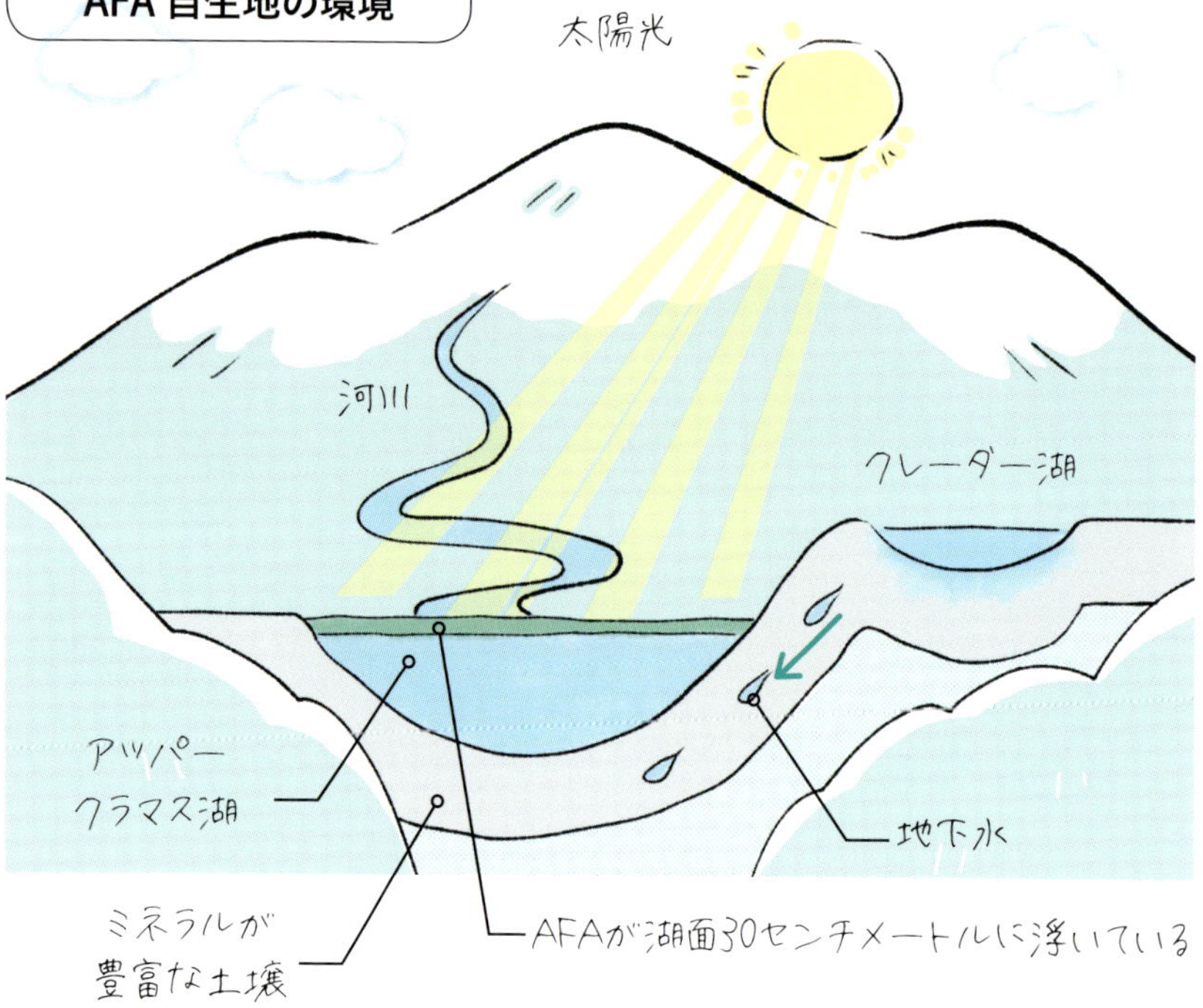

AFA の自生地アッパークラマス湖は大自然に囲まれており、汚染されにくい環境である。美しい空気と水、太陽光と湖底の豊かなミネラル分が最高品質の AFA を育てている。

アメリカオレゴン州で育つ最高品質

ＡＦＡ（アファニゾメノン・フロス・アクア）は世界各地に自生していますが、アメリカ北西部オレゴン州中南部にある淡水湖アッパークラマス湖に自生するものが、もっとも質がよく汚染されにくい環境で育っています。

アッパークラマス湖は、北アメリカ大陸の西海岸沿いに連なるカスケード山脈の東側に位置する、長さ32キロメートル、幅12・9キロメートルのオレゴン州最大の湖です。南にはスピリチュアルスポットとしても名高い「マウント・シャスタ」がそびえています。アッパークラマス湖もかつては「神の宿る聖なる湖」としてアメリカ先住民に守り続けられてきました。

この湖の水は、湧き水や周辺の山々の雪や氷が解けて濾過された水、別の湖の水が地下経路から流れ込んでできています。湖の水は河川へと流れ出ているためによどむことなく、新鮮な酸素を豊富に含み、高い透明度を誇ります。湖底には周辺の火山が噴火した際に飛んできた火山灰によるミネラル分を含む有機物が、約10メートル堆積しており、これがＡＦＡの栄養源となっています。

アッパークラマス湖周辺は、晴天が年間約３００日というアメリカでもっとも日照率の高い地域のひとつです。豊富な太陽エネルギーと湖底に積もったふんだんな栄養素、そして周辺の豊かな自然環境などが合わさってはじめて、高品質のＡＦＡが育つのです。

地球生命進化系統樹

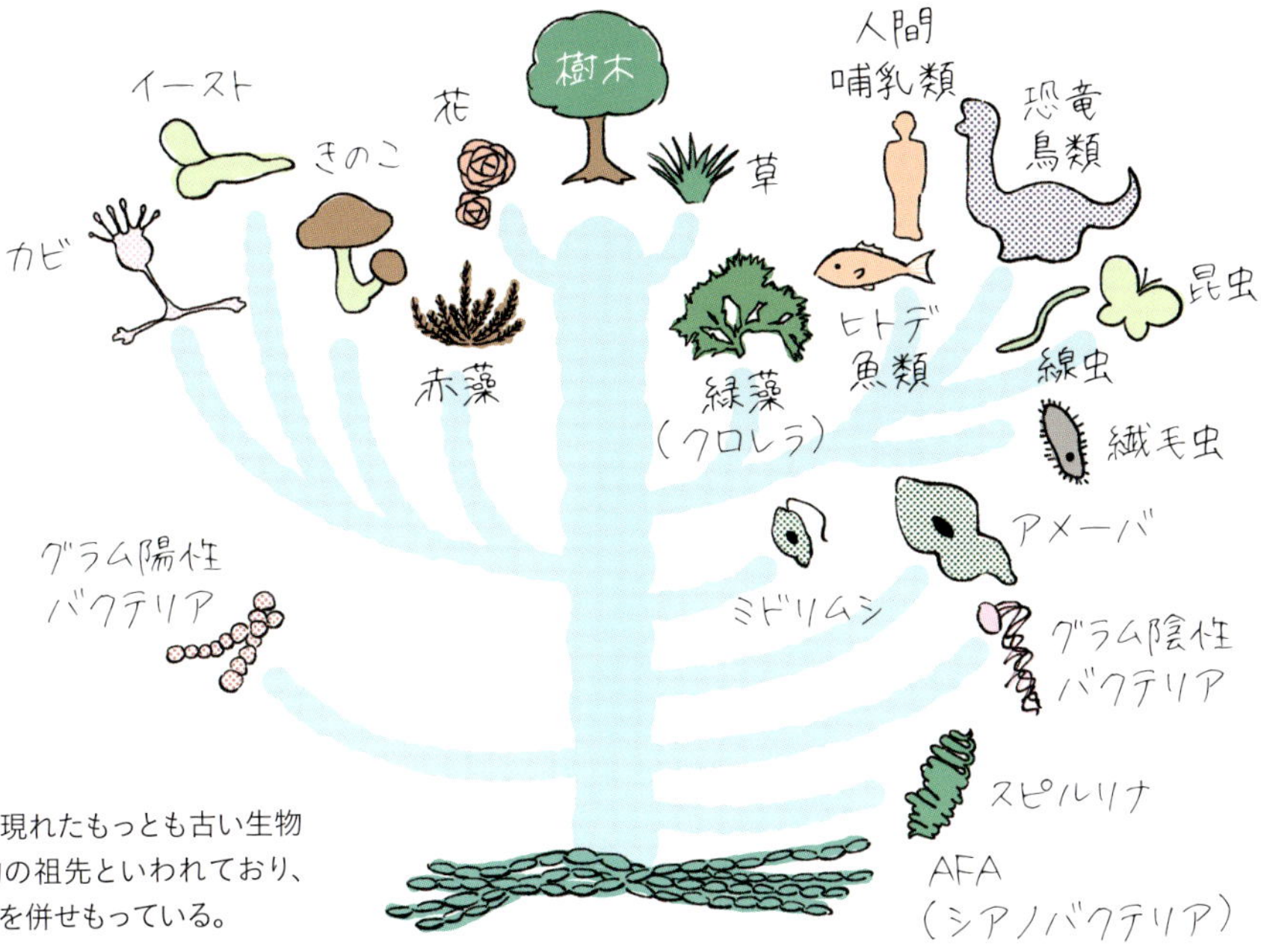

AFAは地球上に現れたもっとも古い生物で、植物と動物の祖先といわれており、それぞれの特徴を併せもっている。

AFA Point

地球上でもっとも古い生物で、強い生命力をもつ

AFA、スピルリナ、クロレラの比較

項目	ブルーグリーンアルジー	スピルリナ	クロレラ
分類	藍藻類	藍藻類	緑藻類
誕生	35億年前	30億年前	20億年前
形状	ひも状	らせん状 （スパイラル）	球状
消化吸収率	98％以上	約95％	60-82％ （細胞壁破砕後）
細胞壁	非常に薄い	薄い	厚い
生長環境	アルカリ性の 淡水湖	アルカリ性の 塩水湖	酸性の淡水
生産地	オレゴン州 アッパークラマス湖に自生	人工池で培養	人工池で培養
オーガニック認証	オレゴン州 OTCO認定オーガニック	非オーガニック	非オーガニック

地球上の生命の祖先 もっともシンプルな生命体

ＡＦＡは35億年前に地球上に誕生した世界最古の生物のひとつで、すべての生命の進化の原点であり、古くから食用としても用いられてきたといわれています。

ＡＦＡはかつては藻類とされていましたが、今は細菌類とともに分類される藍藻《らんそう》類とされ、別名を藍色細菌（シアノバクテリア）といい、藻類と区別されています。

藍藻類は細胞内に核をもたない原核生物（バクテリア）でありながら、クロロフィルなどの色素をもち光合成をします。太古の昔から形を変えずに生息し続けている貴重な生命体で、紫外線やウイルスなどに耐性があり、強い生命力をもつとも考えられ注目されています。

ＡＦＡとくらべられることの多いスピルリナは主に人工的に培養されています。ＡＦＡは、培養は試みられてはいるもののむずかしく、豊かな自然環境の中でしか育たないという意味でも貴重なものです。

AFAの作用1

アンチエイジング・美肌
活性酸素を強力に除去していつまでも若々しく!

AFA Point

抗酸化力の高い栄養分が豊富に含まれている

ストレスを避けて抗酸化物質を取ろう!

老化は、生きていれば誰もが避けられないものです。肉体的・精神的なストレスが多ければ多いほど進んでしまいます。ストレスをできるだけ避けて老化を最小限に食い止め、年齢なりにいきいきと輝きたいものですね。

人は呼吸から酸素を、食事によって栄養素を取り込み、エネルギーに変えて代謝を行っていますが、その際に必ず「活性酸素」が発生します。活性酸素は体内に侵入した細菌などを攻撃する免疫機能を担っていますが、ストレスを受けて過剰に発生すれば細胞を酸化させて傷つけ、老化を早めてしまうのです。

活性酸素を大量に発生させる要因には、紫外線や大気汚染、電磁波、食品添加物、喫煙、激しいスポーツ、生活習慣の乱れや精神的なストレスなどがあげられます。

アンチエイジングや美肌のためには、活性酸素を発生させる要因をできるだけ避けること。そして活性酸素の発生を抑える抗酸化力の高い栄養素や、からだの主成分であるたんぱく質をバランスよく含む食事を心がけることです。

AFA（アファニゾメノン・フロス・アクア）は抗酸化力の高いビタミンC、ビタミンEを含む多様なビタミン類やポリフェノール、たんぱく質を構成するもととなるアミノ酸をバランスよく含みます。活性酸素吸収能力値（抗酸化能力値）を示す「ORAC値」も他の食品にくらべて高い数値となっています。

《 AFAに含まれる抗酸化力の高い栄養素 》

- ●ビタミンC
- ●ビタミンE
- ●β - カロテン
- ●亜鉛
- ●セレン
- ●ポリフェノール類
  - アスタキサンチン
  - クロロフィル
  - フィコシアニン
  - バイオフラボノイド

ポリフェノールが活性酸素を無毒化するしくみ

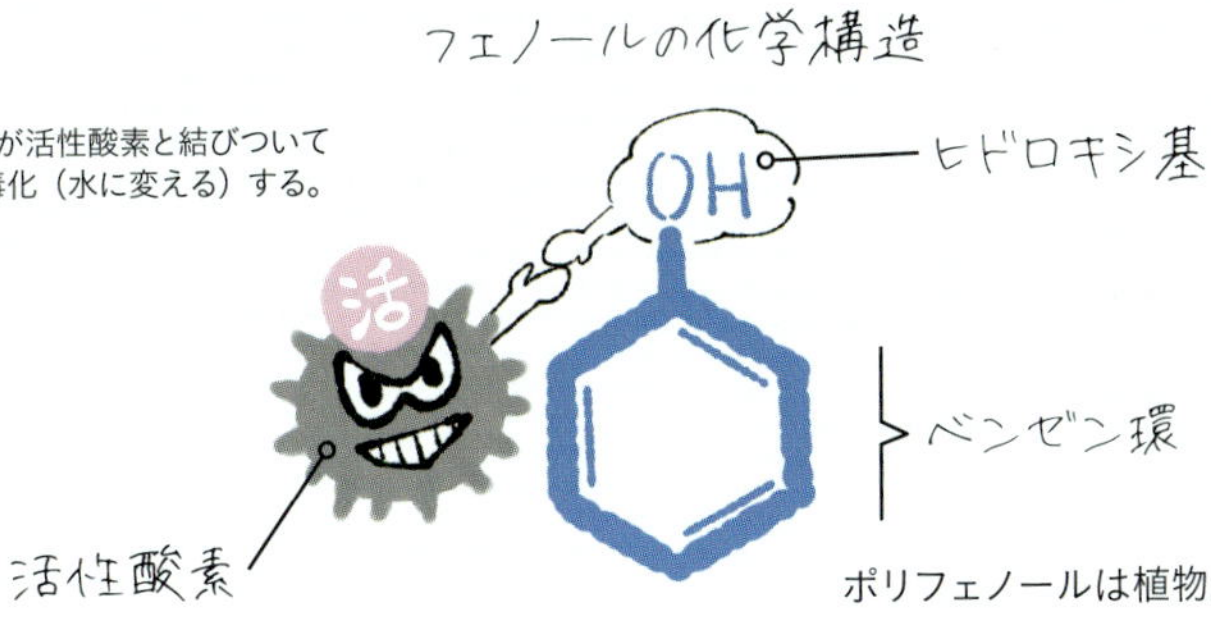

OH が活性酸素と結びついて無毒化（水に変える）する。

ポリフェノールは植物が光合成をする際に作られる物質で、色素や香り、苦みなどの成分の総称。「ポリ」はたくさんのという意味で、「フェノール」（ベンゼン環にヒドロキシ基〈OH 基〉をもつ化学構造）をたくさんもっているという意味。

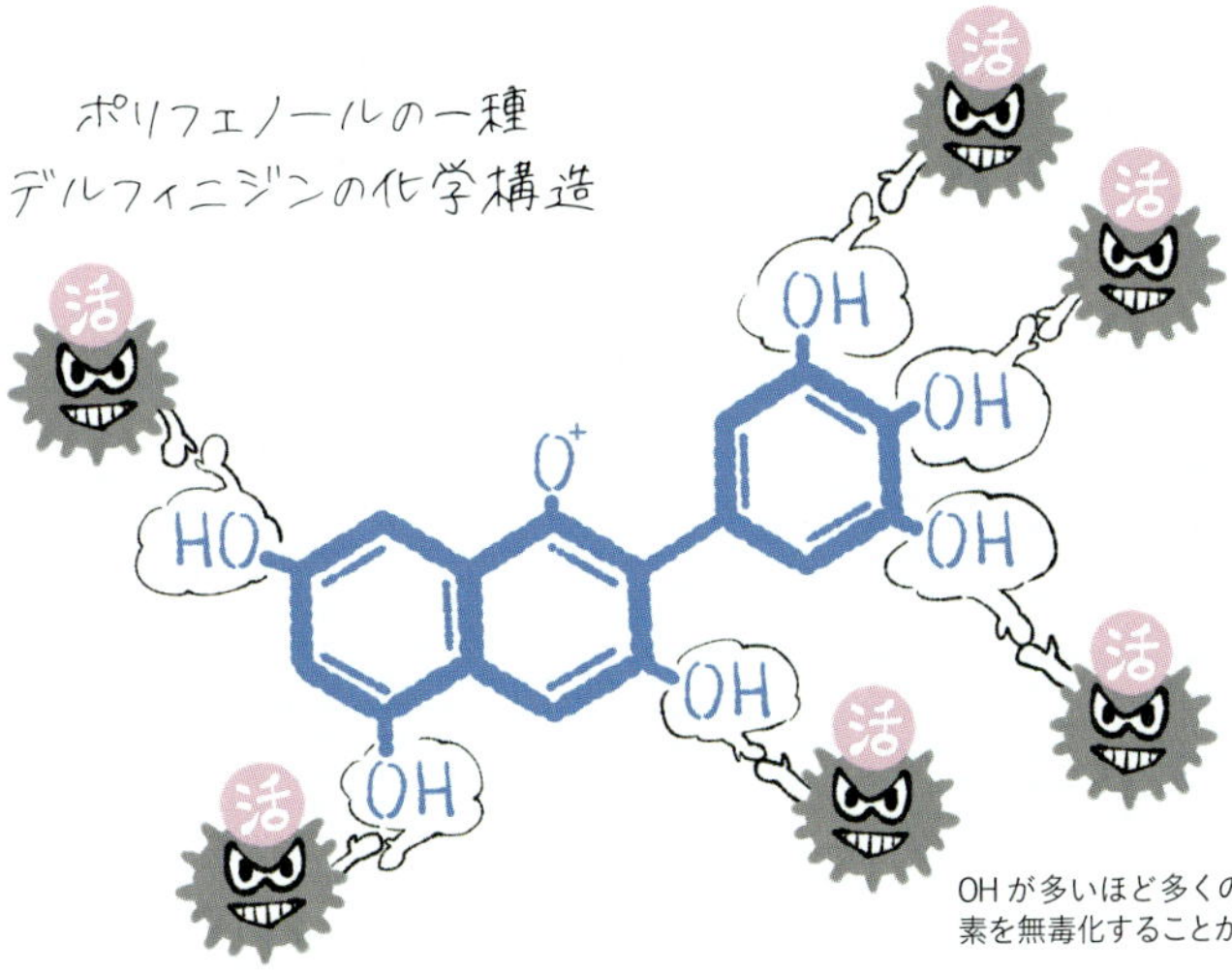

OH が多いほど多くの活性酸素を無毒化することができる。

AFAのORAC値
（活性酸素吸収能力）

AFA(乾燥)	113
アスパラ(生)	30
キャベツ(生)	14
ホウレンソウ(生)	26
ニンジン(生)	12
トマト(生)	3

（参考：野菜の ORAC 値　J.Agric.Food Chem.2004,**52**,4026-37）

美肌をめざすなら腸内環境も整えよう

アンチエイジングのためには腸内環境の改善も重要です。腸はアンチエイジングに役立つ抗酸化物質などの栄養素を分解し、体内に取り込む重要な器官です。また、からだ全体のおよそ7割の免疫細胞が集まっていて、細菌やウイルスから健康を守る役割も担っています。さらに幸福感を司るホルモン、セロトニンの生成にも関わっているので、腸が元気なら心も若々しく元気になります。

肌は腸内の粘膜とひとつながりになっているので、美肌のためにも腸内環境を整えることは重要です。AFAは腸内の有害物質を吸着して外に排泄する不溶性の食物繊維や不飽和脂肪酸を豊富に含み、腸内環境を良好に保つのにも役立ちます。食事などで体内に有害物質を取り込めば、それが血液にのって肌から解毒され肌荒れの原因にも。食生活を見直し、添加物の多い加工食品をできるだけ食べないようにすることも美しい肌を保つためには大切です。

AFAの作用2

脳の活性化
オメガ脂肪酸で集中力・直感力アップ！

AFA Point

オメガ3不飽和脂肪酸を摂取する

▼

神経細胞の細胞膜がやわらかくなる

▼

脳の働きが活発になる！

神経伝達の働きがからだと心の元気を支える

脳はからだ全体を動かす司令塔の役割を果たす器官です。脳の各部位ごとにからだの担当部分が決まっており、それらの脳細胞は連携を取りながら活動しています。この連携が力強く、早く行われれば、集中力や直感力がアップし、ものごとを考えたり覚えたりすることがしっかりできるようになります。

脳内の連携は「シナプス伝達」によって行われています。

脳全体には神経細胞（ニューロン）が無数に張りめぐらされ、神経細胞の結合間（シナプス）にあるわずかな隙間に神経伝達物質（脳内ホルモン）が分泌され、細胞同士が情報の伝達を行っています。

脳内ホルモンには、怒り・覚醒のホルモンであるノルアドレナリン、快楽を伝えるドーパミン、精神を安定させるセロトニン、体内時計を司るメラトニンなど数十種類あります。これらのホルモンの分泌量は多くても少なくてもいけません。脳内ホルモンのバランスが乱れれば、うつや不眠症、統合失調症などの原因になります。脳の働きは、からだだけではなく心の状態にも影響するのです。

脳内ホルモンを安定させ、脳の働きを活性化させるには、脳の疲労要因であるストレスを取り除くと同時に、五感へ適切な刺激を与えることも有効です。脳は新陳代謝が活発で酸化しやすいため、構成物質となる栄養素、脂質などを、食事などから取り込み補うことも重要です。

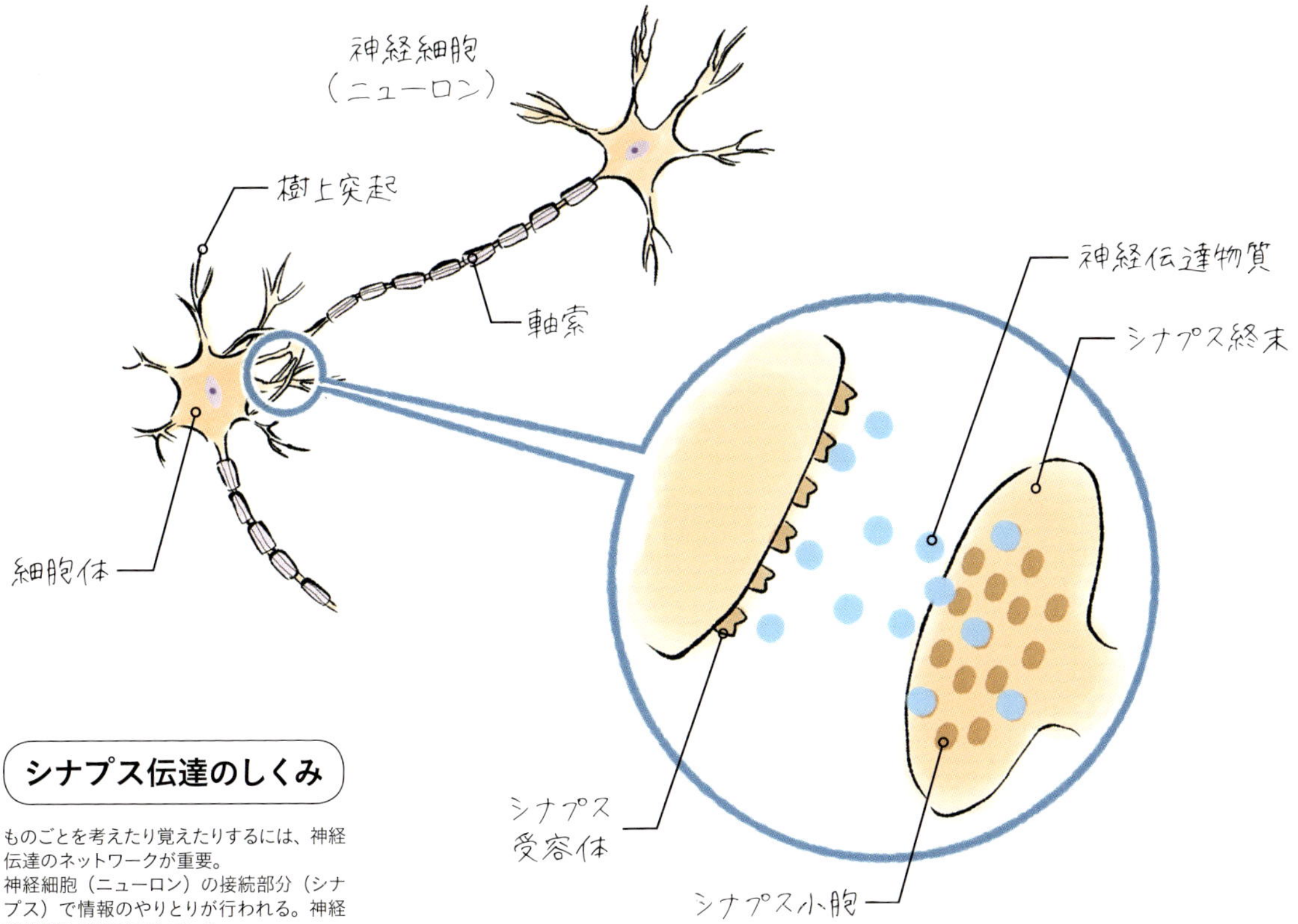

シナプス伝達のしくみ

ものごとを考えたり覚えたりするには、神経伝達のネットワークが重要。
神経細胞（ニューロン）の接続部分（シナプス）で情報のやりとりが行われる。神経細胞膜は脂質でできている。

脳の活性化に有効な α-リノレン酸とＤＨＡ

脳のおよそ60パーセントは脂質でできています。その脂質の多くは神経細胞の構成成分として存在しています。

脳の神経細胞膜はリン脂質です。リン脂質同士の結合は、リン脂質を構成している脂肪酸の不飽和度（二重結合の数）に影響を受け、二重結合をもつ脂肪酸が多いほど結合面積が少なくなるため、流動性が増します。その結果、脳の働きが活性化し、集中力・直感力がアップするというしくみです。

ＡＦＡ（アファニゾメノン・フロス・アクア）にはオメガ3不飽和脂肪酸であるα-リノレン酸が多量に含まれていますが、α-リノレン酸は二重結合の数が多く、体内で脳のリン脂質の構成成分として脳の機能を高めるドコサヘキサエン酸（ＤＨＡ）に変換されます。ＡＦＡにはＤＨＡそのもの、さらに脳内ホルモンを作るのに欠かせないアミノ酸の一種、チロシンやフェニルアラニンも含まれています。ＡＦＡはアメリカでは「ブレインフード」とも呼ばれており、まさに脳を活性化させるのに最適な食品といえます。

AFAに含まれる 脳を活性化させる脂質
オメガ3不飽和脂肪酸

- α-リノレン酸
- エイコサトリエン酸
- ドコサトリエン酸
- ドコサペンタエン酸
- ドコサヘキサエン酸(DHA)

※原子同士の結合がゆるく流動的なので、酸素と結びついて酸化しやすく加熱に向かない。

注意するべき油

- 肉類、バターなどの動物性油脂
- トランス脂肪酸

AFAの作用3

ダイエット・腸内活性化

腸のおそうじで、からだの中からキレイをめざす

AFA Point

不溶性食物繊維で腸内の善玉菌を増やし、太りやすい体質を改善！

善玉菌が優勢

肥満防止、免疫力アップ、美肌など。

悪玉菌が優勢

肌荒れ、生理痛、便秘、イライラ、アレルギーなど。

健康な成人の腸内細菌バランス
悪玉菌1：善玉菌2：日和見菌7
※日和見菌は悪玉菌、善玉菌のどちらか優位なほうの味方になる。

不溶性の食物繊維が腸内のごみを排泄する

肥満とは、医学的には「体内に体脂肪が過剰に蓄積された状態」です。いったん肥満になると、少し食べただけでも太ってしまいますが、それには腸内環境が影響しています。

腸内にはおよそ１００種類、１００兆個以上の腸内細菌が生息しているといわれています。腸内細菌は善玉菌、悪玉菌、日和見菌の３グループに分けられます。善玉菌が優位であれば腸内環境は良好に保たれます。悪玉菌が優位であれば食べたものが腸内で腐敗して有害物質を作り出し、からだ全体の環境を悪化させ、さまざまな不調を引き起こします。

少し食べただけで太る体質になるのは、腸内に悪玉菌が異常に増えて腸の働きが悪くなっているからです。ダイエットを考えるなら、まず腸内環境を改善しましょう。悪玉菌を増やすもととなる腸内にたまった食べかす、細菌や腸内細胞の死骸などを体外に排泄するためには食物繊維を摂るのが有効です。

食物繊維には水溶性と不溶性とがありますが、腸内のおそうじには、りんごやごぼうなどに多く含まれる不溶性の食物繊維を摂るようにします。水に溶けにくく、消化液で消化されずに大腸まで届くため、腸内の有害物質を吸着して体外へ排泄するデトックス効果が期待できます。

ＡＦＡには不溶性食物繊維が豊富に含まれているため、お通じをよくして腸内を活性化し、からだに負担をかけず健康にダイエットができるのです。

AFAの作用4

造血・血管強化で貧血予防
血液・血管を強化して新陳代謝を活発に！

AFA Point

血液を作る成分が豊富！
マグネシウム・カルシウム・鉄・マンガン・亜鉛・ケイ素などのミネラル／ビタミンＢ群／ビタミンＰ／ビタミンＣ

貧血になると…

健全な生命活動を支える血液の力

人のからだは１００兆個以上ともいわれる細胞からできており、細胞の一つひとつに栄養と酸素を運んでいるのは血液です。

細胞は血液によって運ばれた酸素や栄養によってエネルギーを起こし、新陳代謝を行っています。血液には体温や水分バランスの調整、ホルモンを運んだり、ウイルスや細菌からからだを守ったりする働きもあります。血液が滞りなくスムーズに全身を循環することで、私たちの生命は維持されているのです。

血液の成分は固形成分である血球（赤血球・白血球・血小板）と主に水分でできている血漿とに分けられます。血球系細胞は骨髄に存在する骨髄幹細胞で主に造血されます。

造血作用に関わっている栄養素は、骨に必要な栄養成分であるマグネシウム、カルシウム、鉄、マンガン、亜鉛、ケイ素などのミネラルやビタミンＢ群や、ビタミンＰ、ビタミンＣなどです。そのうちのケイ素は、血管の主要成分でもあります。こうした栄養素が充分に摂取できず、血液中の赤血球やヘモグロビン（血色素）が不足し、貧血になる人も多くなっています。貧血の症状を感じたら、まず普段の食生活を見直すことが大切です。

ＡＦＡには造血に関わる成分や、ヘモグロビンを増加させる働きのあるクロロフィルが豊富に含まれるため、新鮮な血液供給の働きや血管年齢の若返りを支援し、貧血や動脈硬化の改善にも役立ちます。

AFAの作用5

高い疲労回復効果
活性酸素を抑制しミトコンドリアを元気に！

ミトコンドリアはすべての細胞内に含まれ、酸素と栄養素をもとにエネルギーを生産している。エネルギーを作る際に発生する活性酸素は、外部からの侵入者からからだを守る働きも担う。活性酸素には種類があり、とくに「ヒドロキシラジカル」と呼ばれるものが細胞を傷つける力が大きい。

AFA Point

- 活性酸素を除去する抗酸化作用が高い。
- ミトコンドリアを活性化させるアミノ酸やビタミン、ミネラルをバランスよく含む。
- からだに負担をかけず、100パーセント近く吸収される。

細胞・ミトコンドリアレベルで疲れを取ろう！

　私たちは毎日の生活で肉体的・精神的なストレスを受けて疲れを感じますが、通常「休養」と「栄養」によって回復することができます。しかし「休養」と「栄養」がしっかり取れず、慢性疲労で悩んでいる人は多いものです。そうした状態が続けば、動脈硬化や心筋梗塞、脳梗塞、がんや糖尿病、アルツハイマー型認知症やアトピー性皮膚炎などの病気にもかかりやすくなってしまいます。

　からだを疲れさせるおおもとは「活性酸素」です。肉体的・精神的なストレスによって生じた活性酸素によって細胞を酸化させ傷つけることが、疲労や老化の原因となっています。活性酸素を過剰に発生させる要因である激しい運動や煙草、アルコールの取り過ぎ、精神的なストレスとなる原因をなるべく避け（12ページ参照）、代謝を促し、活性酸素を除去する栄養素を摂取するように心がけましょう。

　疲れの原因にはミトコンドリア不足も考えられます。ミトコンドリアは、活性酸素によって傷ついた細胞を修復するエネルギーも作り出しています。ミトコンドリアが減ったり質が下がったりすればエネルギーの生産量が下がり、細胞の修復が追いつかず疲労しやすくなります。

　AFAは、活性酸素を除去する抗酸化作用が高く、ミトコンドリアを活性化させるアミノ酸やビタミン、ミネラルをバランスよく含み、体内への吸収率が98パーセント以上で疲労回復に最適です。

AFAの作用6

長生きをめざす
寿命を伸ばす可能性を秘めた成分を含む

AFA Point

- 生命活動の基礎、核酸の構成成分を多く含む。
- 長生きにつながる酵素テロメアーゼの活性化に必要な栄養素をバランスよく含む。
- 長寿をもたらすことが知られる必須ミネラルを含む。

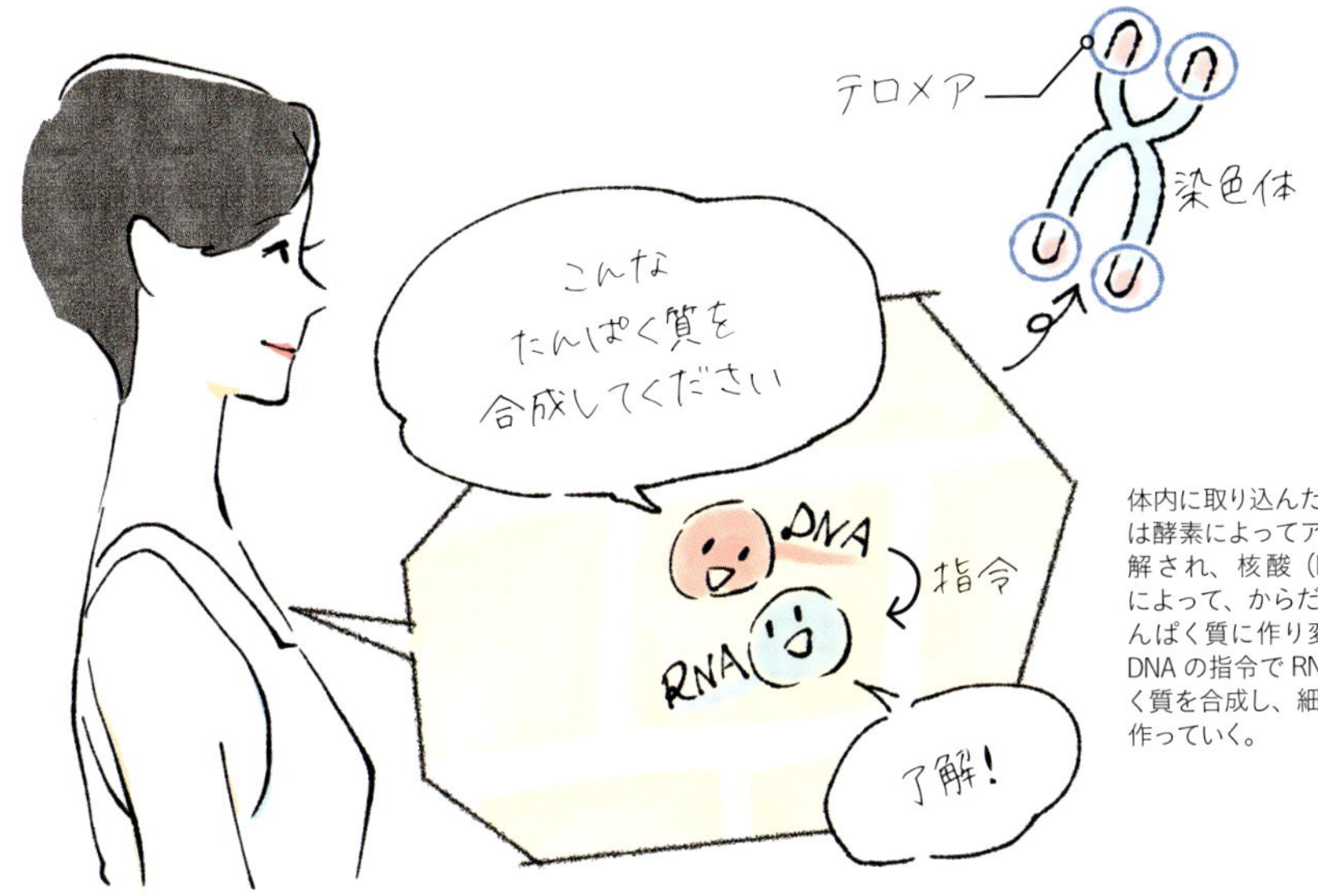

体内に取り込んだたんぱく質は酵素によってアミノ酸に分解され、核酸（DNA、RNA）によって、からだに必要なたんぱく質に作り変えられる。DNAの指令でRNAがたんぱく質を合成し、細胞や器官を作っていく。

AFAがDNAのコピーミスを修復する!?

AFA（アファニゾメノン・フロス・アクア）が35億年前と同じ性質を保ち続けられているのは遺伝子（DNA）が壊れることなく受け継がれてきたから。人間のからだもAFAと同じように細胞分裂をくり返していますが、DNAのもつ情報が壊れて細胞を正しくコピーできなくなる病気、がんなどが生じてしまっています。医学的にはまだ解明されていませんが、AFAにはDNAのコピーミスを正しい形に修復する働きがあるとも考えられています。

核酸やテロメアをAFAの力で修復する

細胞の中心には核があり、核を構成するのが核酸です。核酸には「DNA（デオキシリボ核酸）」と「RNA（リボ核酸）」とがあり、新しい細胞を作ったり修復したりしています。体内で核酸を合成する力は年齢とともに衰えますが、AFAには核酸が他の食品と比べて高い比率で含まれ、体内吸収率は98％以上で、核酸を効率よく補うことができます。

また、染色体の末端には老化に関わる物質テロメアがあります。テロメアは細胞分裂をくり返すたびに短くなり、長いほど若さを保てます。AFAにはテロメアを修復する酵素テロメラーゼを活性化する栄養素が含まれています。テロメアは長過ぎてもよくありませんが、AFAはテロメアの働きをほどよくサポートします。こうした働きを人工的に作り出すのは、ほぼ不可能です。

ブルーグリーンアルジーのふるさとを訪ねて

ブルーグリーンアルジー（AFA）の生息地アメリカ・オレゴン州の「アッパークラマス湖」を訪ねました。
AFAの育つ大自然を目の当たりにすると、AFAがこれだけ多くの栄養素やパワーをもつというのも納得できます。

取材／坂野順造

車で向かう道の先には美しいマウント・シャスタがそびえる（上）。町中には水飲み場も。マウント・シャスタから流れ出る水はとてもおいしく、スピリチュアルなパワーがあるといわれている（中）。シャスタシティ入口。観光地としてもきれいに整備されている（下）。

ネイティブアメリカンの聖地「シャスタ」を通って

日本から飛行機でアメリカ・ロサンゼルス空港を経由してカルフォルニア州レディング空港へ飛び、そこから車で北へ約3時間ほど走ったところに、ブルーグリーンアルジー（ＡＦＡ）のふるさとアッパークラマス湖はあります。

車で向かう途中には、思わず歓声をあげてしまうような美しい山が見えてきます。それは世界でも最高峰のパワースポットといわれるマウント・シャスタとマウント・シャスティータのふたつの山。ふもとの町はシャスタシティと呼ばれていますが、カルフォルニア州北部に位置するこの地域には、古くからネイティブアメリカンの部族が暮らしており、マウント・シャスタは「聖なる山」として崇められ、周辺にはネイティブアメリカンの人たちが大切に守ってきた「聖なる土地」が点在しています。美しい湖や森、滝や清流なども多く、四季を通じて色とりどりの自然を楽しむことができ、観光地としても人気です。

火山に囲まれたオレゴン州最大の淡水湖

シャスタシティからさらに北へ2時間、オレゴン州の南部まで移動するとようやくアッパークラマス湖が

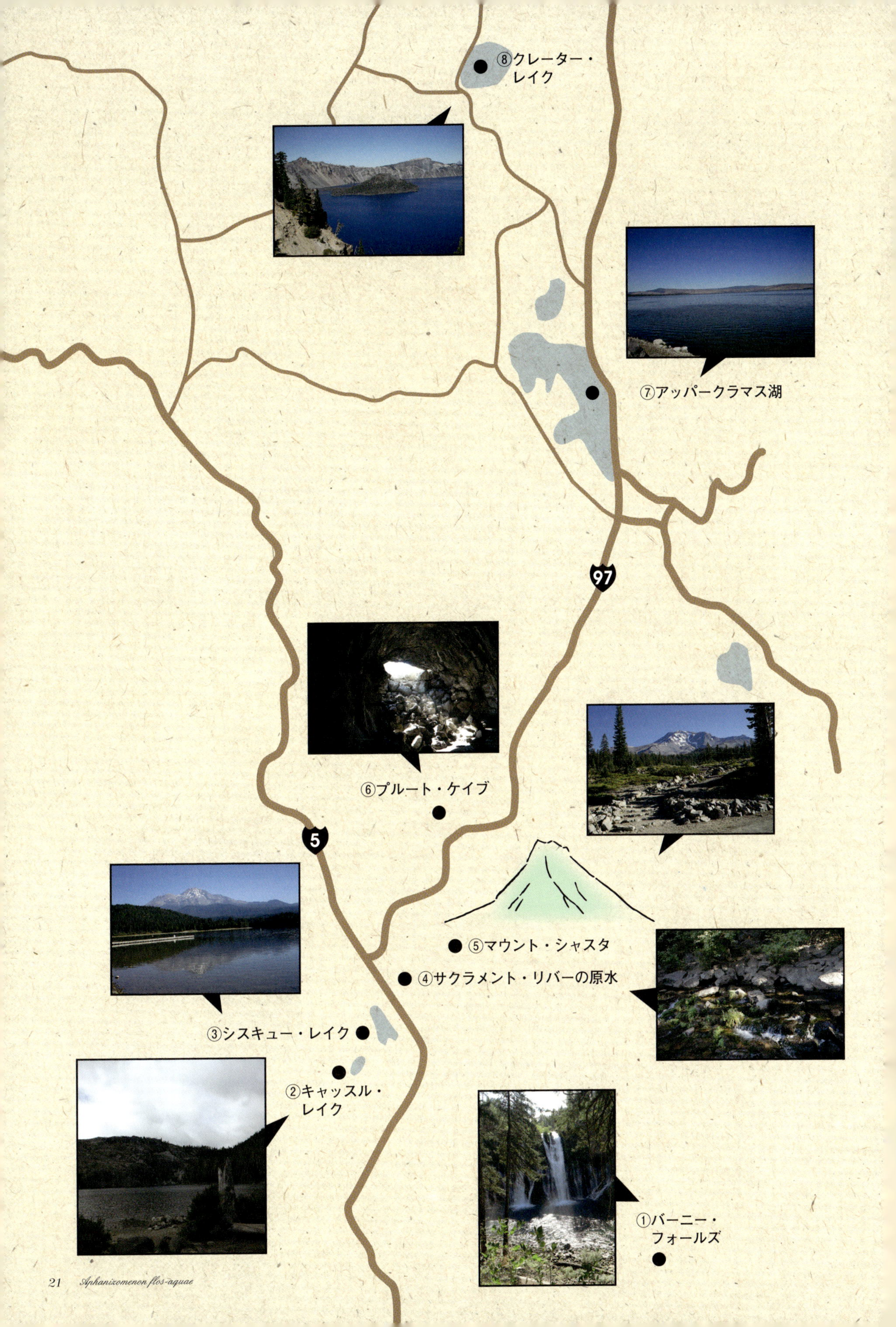

⑧クレーター・
レイク
⑦アッパークラマス湖
97
⑥プルート・ケイブ
5
⑤マウント・シャスタ
④サクラメント・リバーの原水
③シスキュー・レイク
②キャッスル・
レイク
①バーニー・
フォールズ

⑤マウント・シャスタ
聖なる山としてネイティブアメリカンに崇められ、セドナなどと並ぶパワースポットとしても注目を集めている。

③シスキュー・レイク
マウント・シャスタを一望できる。地域住民の生活水としても使われている。

①バーニー・フォールズ
ネイティブアメリカンの聖地とされてきた。全長40メートルで迫力がある。

④サクラメント・リバーの原水
おいしいと評判で、遠くからも水を汲みにくる人が絶えない。

②キャッスル・レイク
キャンプやハイキングも楽しめ、観光地としても人気。

見えてきます。アッパークラマス湖はオレゴン州最大の淡水湖で標高１２００メートルの寒冷地にあり、西には火山群で知られるカスケード山脈が連なっています。アッパークラマス湖には地下水が豊富に湧き出し、周辺の山々の地層によって濾過された雪解け水や清らかな河川の水が流れ込み、その水はクラマス川から流れ出しています。こうして水が常に入れ替わることによって高い透明度が保たれているのです。

　アッパークラマス湖の湖底には周辺の火山が噴火した際に噴出した火山灰が10メートル以上も堆積しており、ミネラル分が豊富に含まれた湖底の土壌は、ＡＦＡの栄養源となっています。ＡＦＡに含まれる成分は２００種類以上（現地ハーベスト会社分析）もあるといわれていますが、こうした独特の自然環境が成せる業なのでしょう。

　一般的に、藻類は水の流れが停滞しているところに多く見られますが、アッパークラマス湖は例外です。ＡＦＡが豊富に育つだけではなく、それをエサとする魚などの水生生

⑦アッパークラマス湖
琵琶湖より少し小さい位の大きさで透明度が高く、ブルーとグリーンのコントラストがあり、
グリーンの部分に一面 AFA が生息しているのが見てとれる。

⑥プルート・ケイブ
シャスタシティ周辺にはパワースポットが点在している。この洞窟もそのひとつ。ネイティブアメリカンが出産の場に使ったとされ、「聖なる地」といわれている。

⑧クレーター・レイク
アッパークラマス湖の水源となっている。美しい紺碧の火山湖。

物、水鳥、タカなどの捕食性の鳥類も多く生息しています。周辺には広大な国立公園や野生動物保護区があり、産業活動などによる汚染の心配もありません。AFAだけではなく、多くの動植物にとって住みやすい環境が整い、豊かな生態系のバランスが保たれているのです。

AFAの収穫期と低温乾燥方法

AFAの収穫期は6〜10月で、もっとも質のよいものが収穫できるのは6〜7月です。その年によって収穫できる質は多少異なります。同じ会社の製品でも微妙に色の違いがあるのは、収穫時期の違いによるものです。

AFAの加工で重要なのは、乾燥方法です。「バイオアクティブ・ディハイドレーション製法」と「ハイドロドライ製法」の2種類がありますが、どちらも低温で乾燥させる方法です（24ページ参照）。なぜ低温が重要かというと、高温で加工すればAFAに含まれる酵素が壊れて酸化が激しくなり、せっかくの栄養素が失われてしまうからです。

低温で乾燥させたAFAの粉末に水を加えると、収穫されたてのときと同じ風味、香り、栄養を得ることができます。今ではほとんどの会社が低温乾燥を実施していますが、AFA製品を選ぶ際には製造方法を確認すると安心です。

製造方法や成分をしっかりとチェックして、本物のAFAのすばらしさをぜひ体感していただきたいと思います。

ブルーグリーンアルジー（AFA）の製造行程

採取

アッパークラマス湖で採取する。写真は湖面。上面 30cm に AFA が積層している。

濾過・冷蔵または冷凍

写真は AFA の採取船。採取後、濾過と冷凍もこの中で行う。

加工工場へ

アッパークラマス湖からほど近い工場へ輸送する。工場内は近代的で最新の技術が用いられている。

乾燥

バイオアクティブ・ディハイドレーション製法、ハイドロドライ製法のどちらかの製法で低温乾燥し、その後ふるいにかけて均一なパウダー状に。

●バイオアクティブ・ディハイドレーション製法

41 度を超えることのない低温噴霧乾燥法。栄養素や酵素を損なわないよう短時間で完全に乾燥したときにピーク温度に達することが栄養保持の最大の鍵。

●ハイドロドライ製法

最先端の有機乾燥方法で最高レベルまで栄養素を維持できる。濡れた材料から水分を穏やかに除去するために熱伝達技術と水の特定の性質を利用して乾燥する。

袋詰め・カプセル加工

最終的な商品加工を行う。

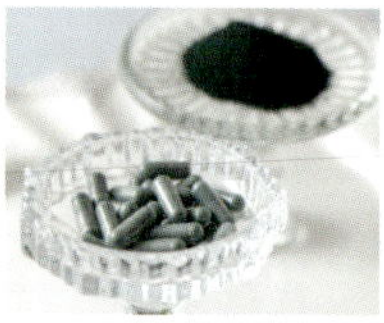

質のよいAFAの見分け方５つのポイント！

❶高品質とされる低温乾燥方法（バイオアクティブ・ディハイドレーション製法、ハイドロドライ製法）を用いていること。

❷１００％アッパークラマス湖原産であること。

❸原料がオレゴン州のオーガニック認定、コーシャ認証（ユダヤ教徒が食べてもよいとされる清浄な食品を認定）、ハラール認証（イスラム法において合法的な食品を認定）などを受けていること。

❹原料輸入後、国内で再品質検査を行いカプセル加工、パック詰めしていること。

❺メーカーが製品の成分データなどを公開していること。

ブルーグリーンアルジー

STORY《ストーリー》

ブルーグリーンアルジーはアメリカでは一般的で、食品としてだけではなく化粧品にも使われています。日本でもビューティーケア、ヘルスケアに敏感な人の間で注目されています。みなさん、どのように取り入れているのでしょうか。それぞれのブルーグリーンアルジー・ストーリーをおうかがいしました。

※この記事は個人の感想であり、効果・効能を示すものではありません。

「ブルーグリーンアルジーを取り入れてから、頭の働きがよくなったように感じています。ブルーグリーンアルジー入りのスムージーは、忙しい毎日を乗り切るのに欠かせないアイテムです」

my AFA story

no. 1

脳の毒素をデトックスして仕事の効率をアップ！

雑誌『veggy』編集長・吉良《きら》さおりさん

仕事と子育てを両立させるのはなかなかむずかしいものですが、吉良さおりさん（43歳）は脳を活性化させて仕事の効率化を測り、それを成功させています。吉良さんの仕事術と美と健康の秘訣などについておうかがいしました。

シャスタパワーを秘めたスピリチュアルフード

ブルーグリーンアルジー（ＡＦＡ）を知ったのは、8年ほど前、ベジタリアン専門雑誌『veggy』を創刊したころです。ローフード（低温加熱で食材の酵素を生かした調理方法）では、他の食材にくらべてとくに栄養素の高い食品「スーパーフード」を使います。ブルーグリーンアルジーもそのなかのひとつで、取材先の方々にお話をお聞きするうちに興味をもち、生活に取り入れはじめました。

藻系のスーパーフードにはスピルリナやクロレラなどもありますが、ローフードに熱心に取り組む人は、ブルーグリーンアルジーを好む人が多いようです。その理由には自生地がスピリチュアルスポット「シャスタ」だからというのがあります。

世界中には、心身を癒すエネルギーに満ちた場所、スピリチュアルスポットがいくつもありますが、そこで取れたものにも同じパワーが宿るとされています。シャスタには透明なエネルギーが満ち、とくに水のエネルギーが高いとされており、その水によって育ったブルーグリーンアルジーも同じパワーをもつと考えられているのです。

脳のデトックスで仕事の作業効率をアップ！

私がブルーグリーンアルジーにもっとも期待しているのは、「デトックス作用」です。毒素は脂肪分にたまる性質がありますが、ほとんどが脂肪でできている脳はとくに毒素がたまりやすく、排泄するのがむずかしいといわれています。文章を書く作業は集中力が必要で脳を酷使するので、脳にたまった毒素をしっかり排泄して疲れを取り、常に元気な状態を保てるように心がけています。

まだ子どもが小さく、子育てと仕事との両立はなかなか大変です。でもどんなにハードスケジュールでも、脳が健康で集中力を最大限に引き出すことができれば、仕事を効率よく進められ、自分の時間を作れるはずです。そのためにもブルーグリーンアルジーをスムージーなどに入れて飲むのを習慣にしています。

脳を活性化させれば、
仕事も子育ても
楽しくなります！

1 ブルーグリーンアルジーのローチーズケーキ。濃厚なのにヘルシー！ **2** スムージーにブルーグリーンアルジーをプラスして。 **3**「ブルーグリーンアルジーを飲むようになり、仕事の集中力も上がりました」 **4** お子さんにも大人気のミントチョコアイスクリーム。

「プリズムウォーター」はブルーグリーンアルジーを水に溶いて少し時間を置いたもの。「キラキラ七色に輝いてとてもきれいなんです。直感力が高まるといわれています」

からだに悪いものは取り込まない

私は20代のころから、からだには人工的なものをできる限り取り込まないように気をつけてきました。排気ガスの多い都会に住んでいるのできれいな空気を取り込むのはあきらめるとしても、せめて自分でコントロールできる部分……化粧品や食品は化学薬品を含まないものを選びたいと思っています。

化粧品は、基本的に食べられる素材でできているものを使っています。ブルーグリーンアルジーはビタミン、ミネラルなど肌への有効成分が豊富なので、私は植物性オイル（アルガンオイル、バオバブオイル、ココナッツオイルなど）、コンブチャ、クレイ、エッセンシャルオイルと混ぜてパックとして使用しています。お風呂に浸かりながらパックをすると、穏やかに汚れを浮き立たせながら有効成分を肌に浸透させることができ、洗い流したあとはとてもしっとりします。近年はスキンケアブランドでもブルーグリーンアルジーを含んだアイテムがあります。

美肌をめざすなら、食事では肌を作る栄養素であるたんぱく質やビタミン、ミネラル、老化の原因物質である活性酸素を除去してくれる抗酸化作用のある食品を取るのも大事ですが、ブルーグリーンアルジーはそうした栄養素をバランスよく含んでいるのがうれしいですね。

スイーツ作りの楽しみが広がった！

若いころは、スイーツは無添加食材を使用したマクロビオティックのものをよく食べていて、もちろん、とてもおいしいのですが、どうしても色が地味になってしまいます。ブルーグリーンアルジーのような鮮やかな色をもつ天然食材を使うようになってから、スイーツ作りの幅が広がりました。私はミントチョコアイスクリームが大好きで自分でもよく作りますが、人工着色料を使わずに鮮やかなグリーンを出せて楽しいですね。食は目でも味わうものなので、テンションが上がって、元気になります（笑）。スイーツだけではなく、パスタのジェノベーゼソースやガスパチョのようなスープに入れてもきれいに仕上がるのでおすすめです。

ブルーグリーンアルジーは子どもにも食べさせたい食材です。東日本大震災の原発事故後、放射能の心配もあって、子どもの食事にはブルーグリーンアルジーなどのデトックスを促す食材を積極的に取り入れるようにしています。

最近は9歳の一番上の子が「目が疲れる」とか「体調が悪い」と訴えてきたときに、ブルーグリーンアルジーをよく飲ませています。集中力を高めたり、気分を落ち着かせたりするのにもいいようです。小さな子にはおやつに入れてあげると、見た目もきれいで、よろこんで食べてくれます。これからも親子でブルーグリーンアルジーを続けていきたいですね。

プロフィール

雑誌『veggy』編集長・発行人。国際食学協会名誉理事長。オーガニック＆ベジタブル中心のライフスタイルを提案する日本初のベジタリアン雑誌を2008年に創刊。実生活でも、ローフード、スーパーフード、マクロビオティック、アーユルヴェーダ、薬膳などを取り入れている。幼稚園から小学校までの3人の子どもの母親でもある。

2 1
4 3

1 行きつけのジュースバーではブルーグリーンアルジーのミニボトルが手軽に買える。
2 お気に入りのメニュー「ケールコラーダ」（右奥）と「ヘラグッドグリーン」（手前）。
3 散歩の途中にカフェでひと休み。

my AFA story
no. 2

肌を整え、しなやかな筋肉を作るための強い味方

料理研究家・いとうゆきさん

ニューヨーク在住のいとうゆきさんは、アトピー体質改善のための食事療法がきっかけで料理の道へ。ブルーグリーンアルジーも美肌づくりに役立っているといいます。どのように取り入れているのでしょうか。

ドレッシングやディップに入れると見た目もきれいでおいしい!

ブルーグリーンアルジー（AFA）は、30歳のとき、米国カリフォルニアにあるリビングフードの料理専門学校で勉強しはじめたころにはじめて知りました。それからときどき試してそのよさを実感し、15年前からは常備するようになりました。

ブルーグリーンアルジーは、数あるスーパーフードのなかでも常備しておきたい万能薬的な存在。各種栄養成分がバランスよく含まれているので、「これさえ取っていればなんとかなる!」という安心感があります。マルチサプリメント感覚なのも気に入っています。あと、旅行や出張先では栄養バランスが乱れがちなので、持って行くと重宝しますね。

今は週に3～4回ほどスムージーなどのドリンクや、食事に入れています。ドレッシングに混ぜることもあります。ワカモレ（アボカドのディップ）を作るときは必ず加えます。色が鮮やかに仕上がり、栄養面だけでなく見た目がよくなるので気に入っています。運動をした日には、プロテインの補給を意識して、料理に混ぜ込むこともあります。とくに玄米や豆腐、海藻を使った料理と相性がいいですね。

ニューヨークでは大人気カフェの定番メニューにも

ニューヨークでは、ブルーグリーンアルジーはすでにスタンダードな食品で、置いているジュースバーやレストランがたくさんあります。私の行きつけのジュースバー「Juice Generation」（写真1）では、リキッドタイプのブルーグリーンアルジーのミニボトルが売られていて、お願いすると注文したジュースやスムージー、アサイーボウルなどの商品に混ぜてくれます。私のお気に入りは「ケールコラーダ」というケールとココナッツがベースのスムージーと「ヘラグッドグリーン」というほうれん草とヘンプシードが入ったアサイーボウルで、どちらにも必ずブルーグリーンアルジーをプラスしてもらっています。

ブルーグリーンアルジーは
常備しておきたい万能な
スーパーフード！
3

1 3近所のカフェのお気に入りのメニュー。2自宅で飲むスムージーにもブルーグリーンアルジーをプラス。4バランスのよい食事だけではなく、散歩やテニスなど、毎日続けている運動も美と健康を保つ秘訣！

ナチュラルでヘルシーなメニューが揃っている近所のカフェ「Pause」。マイ・ブルーグリーンアルジーを持参すればメニューに加えてくれる。

自宅近所のカフェ「Pause」は、スムージーやアサイーボウルの種類が豊富でよく利用します。ここに行くときはマイ・ブルーグリーンアルジーを持参して、ドリンクに入れてもらうことがあります。ニューヨークの個人経営の小さいカフェはこんなわがままなカスタマイズにも応じてくれるのがうれしいですね。

ホールフーズマーケットなどのオーガニック系スーパーマーケットや自然食品店のヘルスケア・サプリメントコーナーには、ブルーグリーンアルジー関連商品がたくさん並んでいます。パウダータイプはスムージーやプロテイン飲料に混ぜるのが一般的のようです。お料理にも使えて便利です。健康志向が高い方は、自家製のエナジーボールやケールチップスに混ぜたりもします。手っ取り早く摂取したい方にはタブレットも好まれているようですね。自然食品店の中には、冷凍冷蔵棚を使って液体タイプのブルーグリーンアルジーを取り扱っているところもあります。

たんぱく質が豊富で肌が丈夫に！

ブルーグリーンアルジーの魅力は、なんといっても吸収しやすい良質のたんぱく質が豊富に含まれていることです。たんぱく質は、血液や臓器、筋肉など私たちのからだの構成要素であると同時に、酵素やホルモンの材料でもあり、さらにエネルギーとしても利用されている重要な栄養素です。

もともとアトピー体質で肌が弱いので、ブルーグリーンアルジーを取り入れて、健康で若々しい肌づくりを目指しています。飲みはじめてから肌が確実に丈夫になりましたね。冬場の水仕事は赤切れを引き起こして苦痛だったのですが、その悩みもなくなりました。

また、丈夫でしなやかな筋肉を作るためにも、運動後のプロテイン補給にブルーグリーンアルジーを利用しています。自宅では主に菜食なのでたんぱく質はとくに意識して摂取するようにしています。運動の際の持久力が保てているのも、もしかしたらブルーグリーンアルジーのおかげかもしれませんね。今後も継続して飲み続けていくことは、間違いないでしょう！

プロフィール

日本リビングフード協会代表。ベジタリアン料理研究家。闘病をきっかけに食への関心を高め、国内外の専門学校でマクロビオティックやリビングフード、グルテンフリーダイエットなどの健康食を幅広く学ぶ。健康的な食事とライフスタイルの普及に努める。著書に『スーパーフード便利帳』（二見書房）など多数。http://www.yukiitoh.com

my favorite drink

サワーグリーンスムージー
（分量：1人分）

もずく酢……………………1パック（80g）
※小分けで市販されているものなど。
ケール…………………………………1枚
りんご………………………………1/4個
りんご酢…………………………大さじ1
生はちみつ………………………小さじ1
AFA パウダー……………………小さじ1
水……………………………………100ml
すべての材料をミキサーに入れ、しっかり撹拌して、できあがり！

2 1
4 3

1アロマオイルをお風呂に入れたり、気分転換を。グリーンティーの香りがお気に入り。2愛犬のディーディーと。「なかなかの暴れん坊で手を焼いています」（笑）。

my AFA story
no. 3

ブルーグリーンアルジーのナチュラルさが好き！

モデル・Ailene（アイリーン）さん

子どものころから自然の中で遊ぶのが大好きというモデルのアイリーンさん。今も自然や動物との触れ合いがいちばんのリラックス方法とか。アイリーンさんの元気のもととは？　教えていただきました。

朝はブルーグリーンアルジーで元気にスタート！

「美容のために何かしているんですか？」とよく聞かれますが、ブルーグリーンアルジー（AFA）を飲むことと、ストレスをためないように気をつけることくらいです。

　食べることが大好きなので、がまんせず食べたいものを食べています。美容法かどうかはわかりませんが、岩盤浴にはよく行きますね。水をたくさん飲んで汗をかくことで代謝が高まって気持ちがいいですよ。

　朝はブルーグリーンアルジーをミネラルウォーターや炭酸水に入れて飲んだり、ヨーグルトに入れて食べたりします。ブルーグリーンアルジーは余計な手を加えていないナチュラルさが好きです。

　これを飲みはじめてからお通じがよくなりました。便秘がちだったので、うれしい変化ですね。健康食品や健康方法は人からすすめられても自分に合わない場合があります。実際に試してみて「これだ！」と直感で感じたものを続けるのが大事かなと思っています。

　モデルの他に、事務所の事務的な仕事もしています。パソコンに向かうことも多いので、からだがこり固まりやすく、仕事の合間にふくらはぎをもんだりストレッチをしたりしていますが、「うるさい！」と叱られることもあります（笑）。じっとしているのが苦手な性分なんです。運動もこまめにしたいのですが、時間がなかなか作れないので、一駅二駅くらいの移動ならなるべく歩くようにしています。そのときもブルーグリーンアルジー入りのミネラルウォーターを持ち歩いて水分補給をしています。

リラックスタイムはいい仕事を生み出すもと

　子どものころは、祖母のいるアメリカによく遊びに行きました。祖母は自然に生きるワイルドな人。その影響か、私も自然や動物が大好きで、チャンスがあれば興味のある動物に会いに出かけます。少し前には「ターシャ」という世界最小のメガネサルに会いにボホール島（フィリピン）

深いブルーグリーンが
キレイ！

3 移動は歩くことが多い。歩きやすいスニーカーを選んで。4 ブルーグリーンアルジーは、炭酸飲料やミネラルウォーターなどに入れて。外出時はペットボトルに直接パウダーを入れて持ち歩いている。

に行きました。今はヤギに夢中です！ 口元がかわいらしく、たまらないですね（笑）。家では愛犬Dee（ディーディー）と過ごす時間が、私にとって最高のリラックスタイムです。

モデルの仕事では撮影時にアドレナリンが一気に出て、すごく集中します。ワーッとパワーを出し尽くしたあと、「OK！」となる瞬間が好きですね。エネルギーを出し切って帰りはぐったりしてしまいますが、疲れた夜にはお気に入りのアロマオイルをバスタブに入れてゆっくりします。

日々、ブルーグリーンアルジーで栄養補給をすることと、1日の終わりや休日にリラックスタイムをしっかりとることは、仕事のクオリティーを高めるためにも欠かせないことだと思っています。

プロフィール

1991年ハワイ・オアフ島（アメリカ）生まれ。3歳から中学生まで横浜で育ち、高校生でシアトルへ。日本語と英語のバイリンガル。帰国後、19歳よりモデルとして広告モデルやリポーターとして活躍。現在はブライダル撮影を中心に活動。将来の夢は南の島で動物と一緒に暮らすこと。

my AFA story

no. 4

1 肌トラブルゼロ。食事やスキンケアもオーガニックにこだわって。2 歌いはじめたのは28歳のとき。「あるパーティーで偶然シャンソンに出会ってからやみつきに」（笑）。

からだと心をゆるめて波動の高い歌声を届けたい

シンガーソングライター 環輝《たまき》美帆《みほ》さん

包み込むようなやわらかい歌声が印象的なシンガーソングライターの環輝美帆さんは、仕事に子育てに忙しい日々を送っています。40代とは思えない輝く笑顔と美声の秘密は、心身のメンテナンス方法にありそうです。

食生活で低体温を改善 風邪もひきにくくなった

ブルーグリーンアルジー（ＡＦＡ）はスムージーに入れて飲むことが多いですね。その他に健康のためにしていることといえば、ミネラル（銀）を強化した水を毎日2リットルは飲んでいます。あとは紅茶きのこやマコモタケ、ぬか漬けなどを食事に取り入れて、菌と仲よくしています。冷え性改善のために生姜も食事に入れるようにしていますね。そうした生活を続けていたら、35度台だった体温が1年ほどで36度台に上がり、風邪をひいても寝込むことがなくなりました。

子どもたちにもブルーグリーンアルジーを飲ませています。小学生になる上の男の子2人は毎朝バナナと牛乳とブルーグリーンアルジーを入れたスムージーを飲んでいます。乳酸菌飲料などに入れてもおいしいと言って飲んでくれます。風邪のひきはじめに飲むと悪いものが出ていくようで治りが早く、学校を休むこともなくなりましたね。

ゆるめる時間を大事にして 本来の力を発揮する！

作詞作曲は、お風呂やトイレに入っているときなど思いがけないときにふとひらめくことが多いです。悩みながらひねり出した曲より、ゆるんでリラックスしているときのほうがいい曲が生まれるように思います。コンサートなど、ここぞというときに力を発揮するためにも、普段から心身ともにゆるめる時間を持つことが大事だと思っています。しっかりゆるめることで、いざというときに本来の力を出すことができるんです。

ブルーグリーンアルジーには、からだや心を「ゆるめる力」があるようで、飲みはじめてから、作曲をするにしても歌うにしても、とても調子がいいんです。歌声には、体調や気分がダイレクトに波動として現れてしまい、聞いた人にもすぐに伝わってしまいます。だからコンサート近くになると、ブルーグリーンアルジーを少し多めに飲んで、いつもよりしっかり体調管理をするように

家族みんなが
元気になりました！

3 下のお子さんと一緒に、音楽に合わせながらヨーガを。子どもと一緒にからだを動かすのも元気の秘訣かも！ 4 バナナと桃の缶詰、牛乳とブルーグリーンアルジーで作ったミックスジュース風スムージーが子どものおやつ。

しています。元気な声の人に会うと、不思議とこちらも元気になるものです。単に「いい声」というではなく、元気のある声を出していきたいですね。

生きていればいろいろとトラブルに出会うこともあります。出会ったものごとを冷静に受け止め、そこから学び、次のステップにいけるかどうかは、心の余裕次第だと思います。心の余裕は調和のとれたからだと心から生まれるものだと思うから、体調管理は人生を楽しく生きるための基本中の基本かもしれません。そんなふうに客観的に考えられるようになったのもブルーグリーンアルジーの「ゆるめる力」のおかげです（笑）。これからもからだと心としっかり向き合い、いきいきとした波動を歌声にのせて、みなさんにお届けしていきたいと思います。

プロフィール

大阪音楽大学ピアノ専攻卒業後、関西を中心にMCタレントとして活躍。２００３年よりヴォーカリストとしての活動を開始。どこまでも透き通る歌声で、身近な「愛」の存在に気づかせてくれるオリジナルの楽曲が好評。最新アルバムに『LIFE』、シングルに『The beautiful world～愛の唄～』がある。http://tamakimiho.com

my AFA story no. 5

「楽しむこと」が一番の心のくすり

精神科医・平本憲孝《ひらもとのりたか》さん

心の調子を崩したときには、「楽しむことを意識的にして」と精神科医の平本憲孝さん。人によってはブルーグリーンアルジー（AFA）などのサプリメントが支えになることも。心の疲れを取るコツとはどのようなものなのでしょうか。

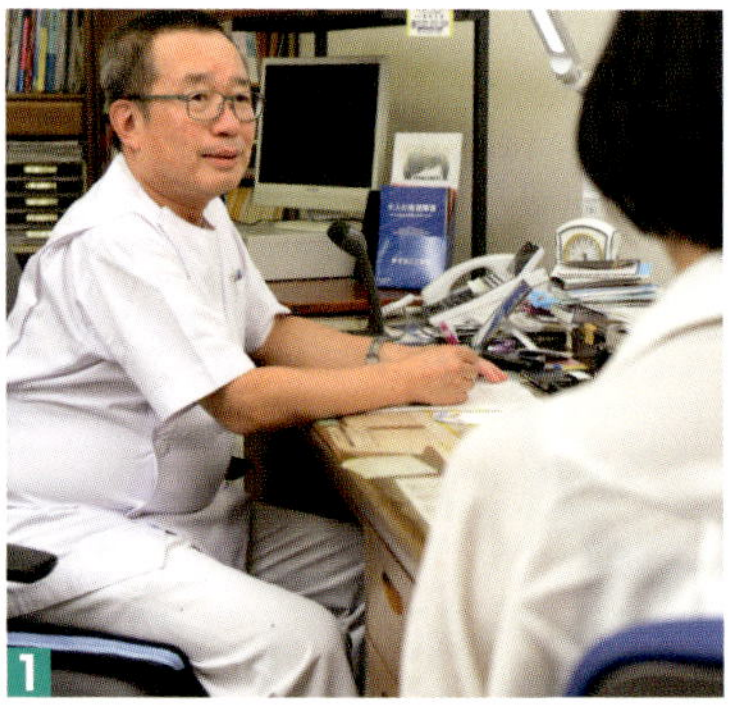

1 診察中の平本さん。「私自身、アフターファイブを楽しむようになってからストレスがたまりにくくなりました」。2 病院の休憩室にもブルーグリーンアルジー（カプセル）を常備してスタッフが自由に飲めるようにしている。

現代は心のバランスを崩しやすい時代

今、精神科にかかる患者さんの6~7割はうつ病です。うつ病は心のエネルギーが切れて脳の働きが悪くなる病気です。食欲がなくなり、からだのあちこちが痛み、さまざまなからだの不調が生じて日常生活を送るのが困難になります。

心は、正常な状態と、病気の状態との区別がつきにくいものです。やる気がなくなったり、被害妄想が出たりすることは誰にでもあります。

そもそも、今の社会は決して理想的とはいえません。経済優先の競争社会で、社会自体が病気にかかっています。そうした社会に適合できる人の心が健康かといえば、そうではありません。現代社会に適応し過ぎれば、人の心を理解できない、冷たく、計算高い人間になりかねません。現代は、誰もが精神的に追い詰められており、いつ心の病気にかかってもおかしくない時代です。もっと精神科医がひまな時代になってほしいと思います。

「~すべき」を手放して楽しいことをはじめよう

精神科医になって30年になりますが、私自身、何回もうつ状態に陥ったことがあります。

日々、患者さんの病理の重さや深く傷ついた過去、孤独感や絶望感などと向き合い、一生懸命になり過ぎたせいかもしれません。「最善の治療をしなければならない」「患者さんを長く待たせてはいけない」……など、「~すべき」という思考にとらわれていました。そのようにして自分を追い詰めて働き続けると、冷静な判断ができなくなり、患者さんの気持ちをうまく汲み取れなくなってしまいます。幸い私の場合は仕事を休むほどではなく、先輩医師の協力や、ユング派のカウンセラーから夢分析を受けるなどして、なんとか立ち直ることができました。

うつ状態を経験してからは、心の健康を保つために、仕事とプライベートのめりはりをつけ、「アフターファイブには嫌な人とは付き合わない」「無理はしない」ということを

ブルーグリーン アルジーで 脳がすっきり

3 気功をはじめてから集中力がつきスプーン曲げもできるように。4 教師や精肉店オーナーなどの仲間7人で「ノンちゃんと七福人」を結成し音楽活動を行っている。ギター担当。

実践しています。気功を学んだり、学生時代にやっていた音楽を再びはじめるなど、「楽しむこと」を意識的に増やしました。趣味を楽しめるようになると、多少のストレスも受け入れられるようになりました。

ブルーグリーンアルジー（AFA）と出会ったのも、軽いうつ状態のときでした。はじめて飲んだとき、頭がすっきりする感覚があり、「これはいい」と思いました。脳の疲労を瞬時に解消し、活力がわく、優れた健康食品だと思います。病院のスタッフやうつ状態の患者さんにもすすめています。

サプリメントの効果は人によって違うので、試してみてよいと思ったものを、体調をサポートする目的で続けるといいでしょう。何でもがんばり過ぎず、「楽しみ」を生活に取り入れて息抜き上手になれたらいいですね。

プロフィール

精神科医。山口大学医学部卒業。神戸市内の病院で内科、精神科の研修を積んだあと向陽病院、高岡病院、加古川市民病院精神神経科などに勤務。平成13年より精神科クリニック平本医院院長。著書に『みんなつながっている』（日新報道）などがある。プロのミュージシャンとしても活躍中。

1「新鮮で安全な旬の食材を」がモットー。
2 妻の正子さんはスーパーフードマイスターの資格を取得。「ブルーグリーンアルジーやマヌカハニーは毎日取っています。女性におすすめのカムカムパウダーは豆乳に加えて飲んでいます」

my AFA story
no. 6

からだも心も元気になる「本物」の食材を求めて

イタリア料理オーナーシェフ
福住哲幸《ふくずみてつゆき》さん

イタリア料理レストラン「チェントロ」（名古屋）のシェフ・福住哲幸さんは現在43歳。どんなに忙しいときもパワフルで疲れを知らず、笑顔いっぱいにお客さまを迎えます。その元気の秘訣をおうかがいしました。

自分自身の感覚で確かめた「本物」の素材を出したい

私は20代前半までボクサーで、減量中は食べたいものを満足に食べられず、「食」に貪欲でした（笑）。もともと食べることが好きだったので、ボクシングをやめると決めたとき、料理人になろうと思ったんです。25歳で「チェントロ」を開店しましたが、当初は料理も満足にできず、本を見たり、お客さまのアドバイスを参考にしたり、プロから個人的にテクニックを教わったり。とにかく見聞きするものをすべて吸収し、料理を自己流で学びました。

周囲の人から、無農薬野菜や加工食品に含まれる化学薬品の話、本物の調味料とはどんなものなのかなど、食材に関するさまざまなことを教わりました。自分でも調べて知識をつけていくうちに、「できる限り自然に近いもの、添加物のない安全なものを提供したい」という思いが強くなっていきました。今は野菜の生産者を訪ね、自分自身の舌で確かめたものを仕入れています。有機農業では大量生産ができないので経営的にも大変です。野菜のおいしさを広めることで、農家の方々を応援できたらとも思っています。

食と運動を見直して疲れやすい体質を改善

今は食事にも気をつけていますが、若い頃は不摂生をして今より10キロも太っていて、疲れやすく体力もありませんでした。

体質改善の大きなきっかけとなったのはイタリア旅行で帰りの飛行機に乗り遅れたこと。搭乗時間ぎりぎりに飛行場に着き、必死に走ってやっとチェックインカウンターにたどり着いたときには、一歩も動けなくなっていたんです。年齢とともに疲れを翌日に持ち越すことも多くなってきていたので、「これではいけない！」と反省し、妻と二人で食や生活習慣を見直すことにしました。

その後、妻はスーパーフードについて学びはじめ、オーガニック中心の食生活に。私自身は職業柄、外食や宴席なども多いので、家で食事するときは糖質控えること、肉野菜魚

毎日の運動と
ブルーグリーン
アルジーを
習慣にしています

3「仕入れ先も料理も自己流。ここまでお客さまに育てていただきました」。明るい人柄と自由な感性が魅力の福住さん。4ブルーグリーンアルジーで乾杯！　現在は生パスタを世に広めるため、夫婦二人三脚で経営している。

介類をたっぷり入れた栄養バランスのよいちゃんこ鍋のようなものを食べています。もともと食べることが好きなので、ストレスをためないように「食べたい！」と思うものは妥協せずにしっかり食べ、そのかわり1日1時間は必ず運動をするようにしています。天気のいい日には公園を走ったり、ジムでストレッチを主体とした「初動負荷トレーニング」を行ったり。鍛えるというより、自分のからだと向き合い、常にからだの状態に敏感でいられるよう、感覚を磨くことを意識しています。

ブルーグリーンアルジーは精神面も支えてくれる

そうして健康的な生活をめざすなかでブルーグリーンアルジー（AFA）を飲みはじめました。35億年前から地球上に生きている生物を、余計な加工をせずに「ホールフード」で取り込めるのがいいですね。ブルーグリーンアルジーと出会ったときは、「自然に近い素材」を求めている自分にぴったりだとうれしくなりました。「より自然に近いからだ

6

5

5ブルーグリーンアルジーを練り込んだ生パスタ。6ブルーグリーンアルジー生パスタを使ったジェノペーゼ。「Centro」（チェントロ）名古屋市東区泉2-4-13　TEL.052-933-0102 ※ブルーグリーンアルジーの生パスタは要予約）。

になれるのでは？」と期待して摂取しています。

ブルーグリーンアルジーを飲みはじめ、生活習慣を改善した成果か、大分疲れにくくなりましたね。精神的にも安定し、どんなときも無理せずありのままにふるまうことができ、自分に起きるすべてを素直に受け止められるようになってきたように感じています。

最近では、ブルーグリーンアルジーをパスタに練り込んだ新商品を開発しました。入手のむずかしい国産有機小麦粉とイタリア産有機セモリナ粉を使い、ソースも必要ないほど、小麦粉の香りをダイレクトに楽しめるパスタです。今後はスーパーフードを積極的に取り入れながら、本当によいと感じたもの、おいしいと思った料理を作り、たくさんのお客さまにお届けしていきたいですね。

プロフィール

2000年、25歳のときにイタリア料理レストラン「チェントロ」を開店。料理は独学。2014年には生パスタ専門店「スパ金」をオープン。既成概念にとらわれない自由な発想で「本物のおいしさ」を日々追究している。

ブルーグリーンアルジー

RECIPE《レシピ》

ブルーグリーンアルジー（AFA）は独特の美しい緑色で、お料理の彩りにもぴったりです。

調理にはパウダー状のもの（AFA パウダー）を使います。

ドリンク、スイーツ、パーティー、ランチと、おいしく楽しいレシピを、

料理研究家のしめぎひとみさんと、いとうゆきさんに教えていただきました。

ブルーグリーンアルジーは、高い熱を長時間加えずに調理するのが

栄養素を壊さないポイントです。

Drink

からだも心もリラックスできるドリンクをご紹介します。AFAパウダーをドリンクにプラスして栄養を補い、おいしく楽しみましょう。

ブルーグリーン甘酒

飲む点滴といわれる甘酒とAFAパウダーを合わせた栄養バランスのよいドリンク。自然の甘さのドリンクは朝食や小腹がすいたときにもおすすめです。

材料（3〜4人分）

AFAパウダー …………………………………… 小さじ1/6
米麹甘酒 ………………………………………………… 900ml

作り方

1 カップにAFAパウダーを入れ、米麹甘酒（少し冷ましたもの）を少しずつ加えながら混ぜ合わせる。

44-75ページ　レシピ作成

料理研究家・フードデザイナー
しめぎ ひとみさん

メッセージ

良質なたんぱく質やビタミンなどが豊富に含まれ、動物・植物の両方の栄養を併せもつブルーグリーンアルジー（AFA）は、ローフードで不足しがちの栄養素を補ってくれるので、ローフードの料理にピッタリの食品。また、微粉末のパウダーは使いやすく、使用量を調整しながらさまざまなグリーンの色彩を楽しむことができます。飲み物だけでなく、スイーツや食事などに加えて、あらゆるシーンで楽しんでいただければうれしく思います。

プロフィール

おもてなし料理サロン「カルネスタイル」主宰。2016、2017年ミス・ユニバース・ジャパンのベースキャンプ講師。日本代表ファイナリストに「もてなしの食の美学・グルテンフリー」指導。書籍、雑誌、新聞、ラジオ、講演、連載、テーブルコーディネート、商品開発などに携わる。

ブルーグリーンバナナスムージー

バナナベースのスムージーは飲みやすく、腹もちがいいので忙しいときにもぴったり。AFAパウダーで不足しがちな栄養素を補えるのも魅力です。

材料（４人分）

バナナ……………………………… 3本
レモン汁 …………………………… 小さじ2
アーモンドミルク …………………… 300ml
豆乳………………………………… 450ml
AFAパウダー ……………………… 小さじ1/4

作り方

1 バナナは一口大に切り、冷凍しておく。
2 すべての材料をミキサーにかけて撹拌し、グラスに注ぐ。

アップルジュレドリンク

ジュレをまとわせた楽しい食感のドリンクです。あまったジュレは、サラダなどにトッピングすると華やかをプラスできます。

材料（3〜4人分）

水…………500ml
アガー…………5g
甜菜糖…………20g
AFAパウダー…………ひとつまみ
りんごジュース…………600ml

作り方

1 鍋に、水、アガー、甜菜糖を入れて人肌程度に温める。
2 1にAFAパウダーを入れてよく溶かしたら、バットに移して冷蔵庫で冷やす。
3 2が固まったら冷蔵庫から取り出し、スプーンやフォークなどで適当な大きさに崩す。
4 グラスに3を入れ、りんごジュースを注ぎ入れる。

ローチョコレートのフラッペ

AFAパウダーのココナッツホイップクリームを合わせたフラッペ。トッピングにチョコレートソースやシナモンをあしらえば一層華やかになります。

材料（2人分）

生カシューナッツ ………………………………… 1カップ
（3時間浸水させてよく洗い、水気を切っておく）
ローカカオパウダー ……………………………… 大さじ2
メープルシロップ ………………………………… 大さじ2
AFAパウダー ……………………………………… 小さじ1/4

〈ホイップクリーム用〉
ココナッツクリーム ……………………………… 200ml
バニラエッセンス ………………………………… 小さじ1
塩…………………………………………………… ひとつまみ
AFAパウダー ……………………………………… ひとつまみ

作り方

1 〈ホイップクリーム〉のすべての材料をボールに合わせ、ホイップ状になるまで泡立てる。
2 生カシューナッツとローカカオパウダー、メープルシロップ、AFAパウダーをミキサーに入れて混ぜ合わせ、器に注ぎ入れる。
3 2にホイップクリームを飾り付ける。

レモネード

作り置きできるのが魅力のレモネード。レモンの種類で若干酸味が変わるので、甘みはお好みで調整して。炭酸など好みのドリンクで割ってもおいしい！

材料（2人分）

甜菜糖…………………………………………………… 200g
水……………………………………………………… 100ml
レモン果汁 ……………………………………………… 200ml
AFAパウダー …………………………………………… 適量

作り方

1 鍋に甜菜糖と水100mlを入れ、火にかけて甜菜糖を溶かす。甜菜糖が溶けたら火から外して人肌程度に冷ます。
2 1にレモン果汁を加えて混ぜ合わせ、煮沸消毒した保存瓶に入れる。
3 飲むときに、水（分量外）で溶かしたAFAの液を少しずつ注ぎ入れて、2をお好みの分量加える。

サングリア・ブランカ

サングリアはスペイン料理やイタリア料理にもよく合います。白ワインベースでは柑橘類やぶどう、桃などのフルーツと相性がいいです。

材料（2人分）

お好みのフルーツ ……………… 適量
白ワイン ……………………… 1000ml
AFAパウダー ………………ひとつまみ

作り方

1 お好みのフルーツ（写真ではぶどう、ドラゴンフルーツ、オレンジを使用）を皮付きのまま適当な大きさにカットする。
2 白ワインとAFAパウダーを合わせ、よく溶かしておく。
3 大きめの容器に1、2を合わせ入れ、冷蔵庫で2日ほど寝かせる。

ブルーグリーンアルジー・ミモザ風

フレッシュオレンジを絞って作るとさらにリッチな味わいになります。シャンパンは飲む寸前に注ぎ入れて。パーティーシーンにもおすすめです。

材料（2人分）

AFAパウダー ……………………… ひとつまみ
オレンジジュース ………………………… 250ml
シャンパン ……………………………… 250ml

作り方

1 フルートグラスに、AFAパウダーを入れ、オレンジジュースを加えてよく溶かし、シャンパンを注ぎ入れる。

Sweets

罪悪感ゼロのヘルシーで栄養たっぷりのスイーツです。見た目も鮮やかで、ちょっとしたパーティーやお友だちとのティータイムを彩ってくれます。

ナッツ・ローブラウニー

ナッツがたっぷり入ったブラウニーは、腹もちがいいスイーツです。小腹がすいたときなどに手軽に食べられます。

材料（2～3人分）

生アーモンド …………………………………………… 120g
（一晩浸水させてよく洗い、水気を切っておく）
生くるみ …………………………………………………… 50g
（一晩浸水させてよく洗い、水気を切っておく）
ドライレーズン …………………………………………… 50g
（ノンオイルのものを使用。1時間浸水させて水気を切っておく）
メープルシロップ ………………………………………… 50g
塩………………………………………………………… ひとつまみ
ローカカオバター ……………… 20g（湯煎で溶かしておく）
AFAパウダー ………………………………………… 小さじ1

作り方

1 生アーモンド、生くるみ、ドライレーズン、メープルシロップ、塩をフードプロセッサーにかけて細かくする。
2 溶かしたローカカオバターにAFAパウダーを加え混ぜる。
3 1と2を合わせて型に入れ、くるみ（分量外）を表面に散らし、冷蔵庫で冷やし固める。
4 3が固まったら好みの大きさにカットする。

ブルーグリーンココナッツ
ホイップクリームのカップケーキ

AFAパウダー入りのクリームをたっぷり絞った、ポップでかわいいカップケーキ。子どもにも大人にもよろこばれ、パーティーが盛り上がります。

材料（5個分）

ココナッツミルク …………………………… 250ml（冷蔵庫で冷やしておく）
塩……………………………………………………………… ひとつまみ
メープルシロップ ………………………………………………30ml
AFAパウダー …………………………………………………… 適量
市販のカップケーキ ……………………………………………… 5個
ドライフルーツ …………………………………………………… 適量

作り方

1 ココナッツミルクを2枚重ねにしたコーヒーフィルターの上にあけ、3時間以上水切りする。
2 1に塩とメープルシロップ、AFAパウダー（色味をみながら調整）を入れ、泡立て器などでホイップして絞り袋に入れ、市販のカップケーキの上に絞り出して飾り付ける。
3 仕上げに好みのドライフルーツを飾り付ける。

柑橘の香りのブルーグリーンシャーベット

爽やかな柑橘がほのかに香るさっぱりしたシャーベット。混ぜながら冷やし固めるとき、たっぷり空気を含ませるようにするのが食感をよくするコツです。

材料（3人分）

ココナッツミルク	130ml
はちみつ	100g
甜菜糖	50g
ライムジュース	80ml
レモンの皮（すりおろし）	1個分
AFAパウダー	小さじ1/4

作り方

1 鍋にココナッツミルク、はちみつ、甜菜糖を入れて火にかける。はちみつと甜菜糖が溶けたら火を止め、ライムジュース、レモンの皮、AFAパウダーを加えてよく混ぜ合わせる。
2 1を容器に流し込み、ラップをして冷凍庫で冷やし、1時間後に取り出してスプーンで全体をよく混ぜ、再び冷凍庫に入れる。
3 2の作業を3回繰り返す。ほどよく固まればできあがり。

木の実のツートーンロータルト

木の実をたっぷり使ったロータルトを、一人用のサイズで作ります。濃厚なクリームで、甘いものが好きな人にも満足度の高いスイーツです。

材料（直径5cmのセルクル型5個分）

〈クラスト用〉

生カシューナッツ …… 80g
（3時間浸水させてよく洗い、水気を切っておく）
ココナッツフレーク …… 40g
ローカカオバター …… 10g（湯煎で溶かしておく）
メープルシロップ …… 大さじ1/2
水 …… 1カップ

〈クリーム用〉

生マカダミアナッツ …… 100g
（3時間浸水させてよく洗い、水気を切っておく）
メープルシロップ …… 大さじ3
塩 …… ひとつまみ
AFAパウダー …… 小さじ1/4
アーモンドミルク …… 1/2カップ
※アーモンドミルクを手作りする場合は、生アーモンド（100g）を一晩浸水させてよく洗い、1カップの水と一緒にミキサーでしっかり撹拌し、繊維を漉す。
ローカカオバター …… 20g（湯煎で溶かしておく）

〈飾り付け用〉

抹茶グラノーラ …… 適量
木の実 …… 適量

作り方

1 〈クラスト〉を作る。生カシューナッツとココナッツフレークをミキサーなどで粉状にする。
2 1と〈クラスト〉の残りの材料をすべてボウルに入れ、へらでよく混ぜ合わせる。
3 バットの上にセルクル型を並べ、2をセルクル型の底に敷き詰め、冷蔵庫で冷やし固める。
4 〈クリーム〉を作る。ローカカオバター以外の〈クリーム〉の材料をすべてミキサーに入れ、滑らかになるまで撹拌する。
5 4にローカカオバターを加え混ぜ合わせ、〈クラスト〉の上に注ぎ入れ、パレットナイフでならしてから冷蔵庫で冷やし固める。
6 最後に、抹茶グラノーラや木の実などを飾り付ける。

ロー・グリーンチョコレートケーキ

パーティーシーンにおすすめのワンホール・ケーキです。抹茶とAFAパウダーを合わせると、より鮮やかで美しいグリーンに仕上がります。

材料（14〜16cmのケーキ型を使用）

〈クラスト用〉

ローカカオパウダー……30g
アーモンド……50g
デーツ……120g
塩……ひとつまみ

〈フィリング用〉

ローカカオバター……20g（湯煎で溶かしておく）
生マカダミアナッツ……130g
（一晩浸水させてよく洗い、水気を切っておく）
メープルシロップ……大さじ4
アーモンドミルク……1/2カップ
塩……ひとつまみ
抹茶……大さじ1強
AFAパウダー……小さじ1/2

〈飾り付け用〉

食用花……適量
ナッツ……適量

作り方

1 〈クラスト〉を作る。フードプロセッサーで材料をすべて混ぜ、ひとまとめになりやすい状態になったら型の底に指で押しながら敷き詰める。
2 〈フィリング〉を作る。ボウルにローカカオバターを入れ、42℃のお湯を使い、湯煎で溶かす。
3 生マカダミアナッツをブレンダーで砕く。
4 2に3のマカダミアナッツ、メープルシロップ、アーモンドミルク、塩、抹茶、AFAパウダーを加え混ぜ、〈クラスト〉の上に注ぎ入れる。
5 冷蔵庫で冷やし固めたら型から外し、食用花や好みのナッツを飾り付ける。

マーブルグリーン・ローチーズケーキ

ローチーズケーキにAFAパウダーでマーブル文様を描きます。焦らず、ゆっくり描くのがポイント。チーズを使わないのに濃厚でリッチな味わいです。

材料（直径12cm程度のケーキ型を使用）

〈クラスト用〉

- 生くるみ……30g（一晩浸水させてよく洗い、水気を切っておく）
- 生カシューナッツ…40g（3時間浸水させてよく洗い、水気を切っておく）
- ココナッツシュガー……大さじ3
- ローカカオパウダー……大さじ2
- ローカカオバター……大さじ1（湯煎で溶かしておく）
- シナモン……小さじ1/4
- 塩……ふたつまみ

〈フィリング用〉

- 生カシューナッツ……150g
- メープルシロップ……大さじ2
- レモン汁……大さじ1
- 塩……ひとつまみ
- 水……1/3カップ
- ローカカオバター……25g（湯煎で溶かしておく）

〈マーブル模様用〉

- AFAパウダー……適量

作り方

1 〈クラスト〉を作る。生くるみと生カシューナッツを、それぞれフードプロセッサーなどで粉状にする。
2 1と〈クラスト〉の残りの材料をすべてボウルに入れ、へらでよく混ぜ合わせ、生地をまとめる。
3 クッキングペーパーをしいたバットにケーキ型を置き、型の中に2を入れ、へらで平らにならしながら押し下げる。
4 〈フィリング〉を作る。ローカカオバター以外の〈フィリング〉の材料をすべてミキサーに入れ、滑らかになるまで撹拌する。水が足りない場合は、少しずつ足す。
5 4にローカカオバターを加え、さらに撹拌し、全体を乳化させる。
6 3で作った〈クラスト〉の上に、5を注ぎ入れ平らにならす。このとき、〈マーブル模様〉を作るために〈フィリング〉を30g取っておく。
7 〈マーブル模様〉を作る。6で取っておいた〈フィリング〉にAFAパウダーを入れて混ぜ合わせ、好みの色味に調整する。
8 7をスプーンにすくって〈フィリング〉の上に適当にのせ、その部分に竹串を垂直に差し入れ、曲線や直線を描き、マーブル状の模様にしていく。
9 8を冷凍庫や冷蔵庫で冷やし固める。

2層仕立てのチアシードプリン

チアシードはダマになりやすいので気をつけて混ぜて。夜に作っておけば翌朝食べられます。お好みで、メープルシロップをかけてもおいしいです。

材料（2人分）

〈白チアシードプリン用〉

アーモンドミルク	320cc
チアシード	大さじ4
バニラビーンズ	1/2本分
メープルシロップ	大さじ3

〈緑チアシードプリン用〉

アーモンドミルク	300cc
チアシード	大さじ3
メープルシロップ	大さじ3
AFAパウダー	適量

〈飾り付け用〉

お好みのフルーツやドライフルーツ

作り方

1 〈白チアシードプリン〉を作る。すべての材料をボウルでよく混ぜ合わせて型に注ぎ入れ、1〜2時間冷蔵庫で冷やし固める。

2 〈緑チアシードプリン〉を作る。すべての材料をボウルでよく混ぜ合わせ、1の上にゆっくり注ぎ入れ一晩冷蔵庫で冷やし固める。

3 お好みのフルーツやドライフルーツを飾り付ける。

うぐいすきな粉の本葛餅

もっちりとした食感がたまらない、吉野本葛で作る葛餅です。きな粉にAFAパウダーを入れて、いつもと違った色彩で気分も栄養もアップ！

材料（4人分）

〈葛餅用〉

甜菜糖	20g
水	280ml
塩	ひとつまみ
吉野本葛	50g

〈きな粉用〉

うぐいすきな粉	30g
AFAパウダー	小さじ1/2
甜菜糖	20g

〈飾り付け用〉

有機サトウキビの黒蜜	適量

作り方

1 〈葛餅〉を作る。甜菜糖、水、塩を鍋に入れて火にかけ、溶かす。一度火を止めてから吉野本葛を加えて溶かし、中火にかけて練る。
2 葛が固まりはじめたら弱火にして練り続け、透明度が出てきたら、もう2分、焦がさないように注意しながら練る。
3 水にくぐらせた型に2を流し込み、表面をラップで覆う。
4 氷水を入れたバットに3を入れて冷やす。
5 ある程度冷えたところ（30分程度）で型から外し、切り分け、器に盛り付ける。
6 〈きな粉〉を作る。すべての材料を混ぜ合わせ、5にかける。
7 有機サトウキビの黒蜜を添える。

ふわふわ抹茶のロームース

食べるシーンや季節によって、お好みの飾り付けを楽しんで。ふわふわの食感が楽しい、子どもにも大人にも大人気の100%植物性のムースです。

材料（1人分）

生カシューナッツ …………………………………………… 60g
（3時間浸水させてよく洗い、水気を切っておく）
アイリッシュモスジェル ………………………… 1/2カップ
水…………………………………………………………………… 50cc
メープルシロップ ……………………………………… 大さじ3
抹茶………………………………………………………………… 小さじ2
AFAパウダー ………………………………………… 小さじ1/4
ローカカオバター ………… 大さじ3（湯煎で溶かしておく）

作り方

1 ローカカオバター以外のすべての材料をブレンダーで滑らかになるまでよく撹拌する。
2 ローカカオバターを加えて再度撹拌する。
3 容器に入れて冷凍庫で冷やし固める。
4 お好みで飾り付ける。

AFA寒天と豆腐白玉のあんみつ

和の伝統甘味にAFAパウダーを合わせ、彩り豊かに栄養価を備えたスイーツに。豆腐白玉は、普通の白玉よりもちもちとして腰があるのが特徴です。

材料（4～5人分）

〈寒天用〉

棒寒天……1本
水……550ml
AFAパウダー……ひとつまみ

〈塩ゆで豆用〉

赤えんどう豆……100g
水……300ml
重曹……小さじ1/4
塩水（塩分濃度1%）……600ml

〈豆腐白玉用〉※14玉程度

白玉粉……50g
絹ごし豆腐……50g
AFAパウダー……適量
水……少量

〈餡用〉

さらし白餡……50g
甜菜糖……50g
水……150ml

〈飾り付け用〉

有機サトウキビの黒蜜……適量

作り方

1 〈寒天〉を作る。鍋に棒寒天と水を入れ、沸騰させないように注意しながら煮る。鍋底に泡が立ってきたら火を弱め、さらに煮て寒天を溶かす。火を止めてしばらく置いて人肌程度に冷ましたら、AFAパウダーを入れて溶かす。
2 水で濡らした型に〈寒天〉を流し込み、冷蔵庫で固める。
3 2を1cmの角切りに切り水にさらしておく。
4 〈塩ゆで豆〉を作る。赤えんどう豆を水で数回洗い、鍋に入れ、分量の水に一晩浸けておく。
5 4を中火にかけ、重曹を加え、弱火で芯までやわらかくなるまで煮る。煮上がったら熱いうちに塩水に2～3分浸けて塩味を付ける。
6 〈豆腐白玉〉を作る。白玉粉に絹ごし豆腐を加え、耳たぶ程度の固さになるように練る。固ければ水を少量ずつ加えて固さを整える。
7 6の生地に、AFAパウダーを少しずつ加え、好みの色になるまでさらに練る。
8 7を1cmほどの大きさにちぎって丸め、沸騰した湯（分量外）に入れて浮き上がったら約30秒ゆで、冷水でしめておく。
9 〈餡〉を作る。鍋にすべての材料を入れ、火にかけて練る。
10 〈寒天〉〈塩ゆで豆〉〈豆腐白玉〉〈餡〉を器に盛り付け、有機サトウキビの黒蜜を添える。

Party food

ホームパーティーが盛り上がる、おしゃれでおいしいお手軽レシピです。ひと口サイズからおなかいっぱいになるメニューまでバラエティー豊かにご紹介します。

AFAグリーンカレー

酸味のきいた爽やかな辛さに、ハーブの香りが食欲をそそるグリーンカレー。玄米やジャスミンライス、ターメリックライスなどと合わせるとより本格的になります。

材料（4〜6人分）

玉ねぎ	1個
マッシュルーム	6個
しいたけ	3枚
たけのこの水煮	1本
赤パプリカ	1/2個
黄パプリカ	1/2個
ごま油	大さじ2
にんにく（みじん切り）	小さじ1
しょうが（みじん切り）	小さじ1
ヤングコーン	6本
グリーンカレーペースト	150g
ココナッツミルク	400ml
水	約200ml
AFAパウダー	小さじ1/2
ライム果汁	1個分

作り方

1 玉ねぎは薄切りに、マッシュルームは石づきを取って4等分に、しいたけは5mmの厚みに切っておく。たけのこは根のほうを短冊切り、先のほうは串切りにし、赤パプリカ、黄パプリカは種を取り除き千切りにする。

2 鍋にごま油をひき、にんにく、しょうがを入れ、香りが出るまで炒める。

3 2に玉ねぎ、マッシュルーム、しいたけを入れて炒め、たけのこ、ヤングコーンを加えて全体を和える。

4 3にグリーンカレーペーストを加えて全体をよく混ぜたら、ココナッツミルク、水、赤パプリカ、黄パプリカを加える。ひと煮立ちしたら火を止めてAFAパウダーを入れ、混ぜ合わせる。最後にライム果汁で味を調える。

ワカモレディップ

お酒に合う簡単ディップです。野菜やパン、クラッカーなどと一緒に、さまざま楽しみ方ができます。アボカドはオイルをまとわせると変色を防ぐことができます。

材料（2〜3人分）

アボカド	1個
ライム果汁	1個分
玉ねぎ	1/4個
クミンパウダー	少々
ガーリックパウダー	小さじ1/4
AFAパウダー	適量
塩	少々
オリーブオイル	大さじ1

作り方

1 ボウルに種と皮を取り除いたアボカドを入れ、ライム果汁を絞り入れる。みじん切りにした玉ねぎを加え、フォークでアボガドをつぶしながら混ぜる。

2 1にクミンパウダー、ガーリックパウダー、AFAパウダーを加えて混ぜ合わせ、塩で味を調える。

3 2にオリーブオイルを混ぜ合わせる。

豆腐クリームチーズの
カナッペ

豆腐をチーズに見立てたヘルシー・ディップ。サラダのトッピングやサンドイッチにも使えて便利です。豆腐をしっかりと水切りするのが上手に作るポイントです。

材料（2〜3人分）

木綿豆腐……………………………300g
にんにく… 一片(みじん切りにしておく)
レモン汁……………………………40ml
練りごま（白）…………… 小さじ1/2
ホワイトペッパー……………………少々
塩……………………………………少々
AFAパウダー…………………………適量
オリーブオイル……………… 大さじ4
バケット………………………………適量

〈飾り付け用〉
ピンクペッパー………………………適量
ナッツ…………………………………適量

作り方

1 水切りして手でちぎった木綿豆腐、にんにく、レモン汁、練りごま（白）、ホワイトペッパー、塩、AFAパウダーをフードプロセッサーに入れ、だまにならないようにペースト状にする。
2 フードプロセッサーを回しながら少しずつオリーブオイルを加え、より滑らかになるまで撹拌する。
3 カットしたバケットに2を塗り、ピンクペッパー、ナッツなどを飾り付ける。

グリル野菜のオープンサンド

目と舌で野菜をたっぷりと味わえるオープンサンド。豆腐クリームチーズと大豆マヨネーズのコクと旨みで、動物性の食材を使わなくても満足感のある味に仕上がります。

材料（2〜3人分）

ズッキーニ	1/2本
なす	1本
レンコン	150g
オリーブオイル	適量
塩	少々
ブラックペッパー	少々
AFAパウダー大豆マヨネーズ（※）	150ml
パン（薄切りにしたもの）	3〜4枚
セミドライトマト	適量

作り方

1 ズッキーニ、なすを輪切りする。レンコンは皮をむき輪切りにする。
2 フライパンにオリーブオイルを熱し、1をグリルして塩、ブラックペッパーで味を調える。
3 AFAパウダー大豆マヨネーズを加え混ぜ合わせる。
4 パンに3を塗り、2とセミドライトマトを盛り付ける。

※AFAパウダー大豆マヨネーズの作り方

材料

豆乳	180ml
オリーブオイル	大さじ2
塩	ひとつまみ
甜菜糖	小さじ1/4
純米酢	大さじ1
AFAパウダー	適量

作り方

1 鍋に純米酢とAFAパウダー以外の材料を入れ、木べらでよくかき混ぜながら弱火で煮詰める。
2 水分が半分になったら人肌程度に冷ます。
3 シェイカーに2と純米酢を入れて振る。
4 3にAFAパウダーを加え混ぜ合わせる。

海鮮パスタリゾット

お米のような形のパスタを使った、いつもと違ったリゾットは、パーティーシーンでも話題の的に。パスタは標準ゆで時間より少し長めにゆでるのがポイントです。

材料（4人分）

玉ねぎ……………………………… 1/2個
ズッキーニ ………………………… 1/3本
しらす ……………………………… 100g
蛸……………………………………30g
えび…………………………………3尾
白ワイン ………………………… 大さじ3
オリーブオイル ………………… 大さじ2
パスタ（チコリアまたはリゾーニ）…… 150g
帆立貝柱スープ ………………… 大さじ1
お湯…………………………………500ml
AFAパウダー ………………………適量
ベジタリアンチーズ ………………お好みの量
パセリ ………………………………適量

作り方

1 鍋にみじん切りした玉ねぎ、ズッキーニ、しらす、薄くスライスした蛸、えび、白ワインを入れて蓋をし、強火で２分蒸す。
2 1にオリーブオイルとパスタを加え、全体にオイルがまわるように炒める。
3 帆立貝柱スープとお湯を2に加え、蓋はしないで中火で汁がなくなるまで煮る（おおよそ、パスタの標準ゆで時間＋１分）。
4 火を止め、3にAFAパウダー、ベジタリアンチーズを加え、全体を混ぜて蓋をし、予熱でチーズを溶かす。器に盛り、パセリをちらす。

ソイベシャメルのアボカドグラタン

豆乳ベースのベシャメルソースはあっさりとしています。濃厚なアボカドを合わせると満足感のある一品になります。ソイベシャメルソースは、グラタンやシチュー、スープなど応用がきいて便利です。

材料（2～3人分）

アボカド	2個
にんにく	1片
オリーブオイル	適量
ベジタリアンチーズ	適量
パン粉	適量
ブラックペッパー	適量

〈ベシャメルソース用〉

ココナッツオイル	大さじ4
にんにく	1片
ローリエ	1枚
玉ねぎ	1/2個
薄力粉	大さじ3
豆乳	500ml
塩	適量
ホワイトペッパー	適量
ナツメグ	少々
AFAパウダー	適量

作り方

1 〈ベシャメルソース〉を作る。鍋にココナッツオイル、皮をむいて半割にして潰したにんにく、ローリエを入れ弱火でじっくり炒める。
2 にんにくが色づいたら、みじん切りにした玉ねぎを加え、弱めの中火で焦がさないように炒める。
3 2に薄力粉をだまにならないように少しずつふり入れ、木べらなどで全体をよく混ぜる。
4 3に豆乳を少しずつ加え、塩、ホワイトペッパー、ナツメグで味を調え、AFAパウダーを加えたら、フードプロセッサーにかけて滑らかにする。
5 耐熱容器にオリーブオイルをひき、半分に切ったにんにくをすり付ける。
6 5に種と皮を取り除いて8mmにスライスしたアボカドを隙間なく並べ、〈ベシャメルソース〉を上からかけ、ベジタリアンチーズ、パン粉、ブラックペッパーをふりかける。
7 200℃に予熱したオーブンで約15分焼く。

にんじんドレッシング

材料（約800ml分）

にんじん……小1本
玉ねぎ……中1個
しょうが……1片
オリーブオイル……200ml
しょう油……大さじ3
りんご酢……大さじ3
メープルシロップ……大さじ2
AFAパウダー……ひとつまみ

作り方

1 にんじん、玉ねぎ、しょうがはすりおろしておく。
2 ミキサーに1と残りの材料をすべて加え、撹拌する。

わさび豆腐マヨネーズ

材料（約400ml分）

木綿豆腐……200g
米酢……200ml
白味噌……小さじ1
塩……小さじ1
わさび……適量
AFAパウダー……適量

作り方

1 木綿豆腐は水切りしておく。
2 すべての材料をフードプロセッサーに入れ、滑らかになるまで混ぜ合わせる。

3種のAFAロードレッシング

サラダがたっぷり食べられる3種のドレッシング。

パーティーでは、フレッシュ野菜をたっぷりのせたピザにかけて食べるスタイルがおすすめです。

ごまドレッシング

材料（約500ml分）

練りごま（白）	200g
白ごま	適量
白味噌	大さじ2
野菜だし汁	200ml
グレープシードオイル	大さじ3
レモン果汁	大さじ1
AFAパウダー	少々

作り方

1 すべての材料を混ぜ合わせる。

Lunch

ひと皿で大満足のランチにぴったりのメニューや、プラス一品で栄養バランスが取れるおかずをご紹介します。動物性食材を一切使わないヘルシーレシピです。

76-91ページ・レシピ作成

ベジタリアン料理研究家
いとう ゆきさん

メッセージ

栄養面において抜群の魅力を誇るブルーグリーンアルジー（AFA）は、私のお気に入りのスーパーフードのひとつです。ブルーグリーンアルジーは個性的な風味をもち、海藻やスパイス、香りの高い食材と好相性です。どんな料理や飲料に加えてもいいのですが、はじめは少量を加え、味のバランスをみながら分量を調整してください。色味的にも美しく仕上がるポイントを見極めるとよいでしょう。一度に大量に摂るより、毎日少しずつでも続けて摂るのがおすすめです。

(プロフィールは32ページ参照)

メカブの冷製ミルクスープ

「ミキサーで混ぜるだけ」が魅力のお手軽なロースープ 。AFAパウダー、アーモンドミルク、フラックスシードオイルと、魅力のスーパーフード尽くしです。

材料（2人分）

メカブ……………………………… 2パック
アーモンドミルク（または豆乳）………… 250ml
白しょう油 ………………………… 小さじ1と1/2
塩麹………………………………… 小さじ1
アガベシロップ …………………… 小さじ1/2
自然塩……………………………… ひとつまみ
AFAパウダー ……………………… 小さじ1/4
トマト ……………… 1/8個（角切りにしておく）
フラックスシードオイル ………… 小さじ1と1/2

作り方

1 トマトとフラックスシードオイル以外の材料をミキサーに入れ、滑らかになるまで撹拌する。
2 器に注ぎ、トマトをちらし、フラックスシードオイルを回しかける。

作り方

1 〈生地〉を作る。ボウルにグルテンフリー粉と自然塩、菜種サラダ油を入れてサラサラになるまで両手で擦り合せ、水を加えて全体をまとめる。
2 薄く油（分量外）を塗った型に〈生地〉をのせ、指で敷き詰めてフォークで底に穴を開け、180℃のオーブンで20分ほど焼く。地粉を使った生地の場合は、麺台の上にて麺棒でパイ型よりひと回り大きく伸ばしてから型に敷き詰める。
3 〈フィリング〉を作る。フライパンにオリーブオイルを熱し、にんにくと玉ねぎ、くるみ、ホワイトマルベリー、ドライトマト、ひじきを炒める。全体がなじんだら玄米ごはんを加えてさらに炒め、自然塩で調味し、最後にAFAパウダーを混ぜる。
4 〈ホワイトソース〉を作る。すべての材料をミキサーに入れ、滑らかになるまで撹拌する。
5 2の〈生地〉に〈フィリング〉を敷き詰め、〈ホワイトソース〉をかけ、200℃のオーブンで20分ほど焼く。

ひじきごはんのキッシュ

ボリューム感があり、おもてなしにもぴったりの一品。マルベリーのやさしい甘味がアクセントです。生地に少量のAFAパウダーを加えてもキレイ。

材料（直径21cmパイ型1台分）

〈生地用〉
グルテンフリー粉（または地粉）……240g
自然塩……小さじ1/2弱
菜種サラダ油……75ml
水……75ml

〈フィリング用〉
オリーブオイル……大さじ2
にんにく……1片（みじん切りにしておく）
玉ねぎ……1/2個（薄切りにしておく）
くるみ……30g（粗みじんにしておく）
ホワイトマルベリー（またはレーズン）……30g
ドライトマト……4枚（戻して細切りにしておく）
乾燥ひじき……6g（戻して1cmに切っておく）
玄米ごはん……180g
自然塩……少々
AFAパウダー……大さじ1

〈ホワイトソース用〉
木綿豆腐……1丁（布巾で包み水切りしておく）
オリーブオイル……大さじ4
白味噌……大さじ1
酢……大さじ1と1/2
自然塩……小さじ1/2

バジル風味のキノコ・ペンネグラタン

米粉とアーモンドミルクで作るグラタンソースは、どんな素材とも好相性。きのこの代わりに、じゃがいもやコーン、ほうれん草などでアレンジを楽しんで。

材料（2人分）

ペンネ	120g
オリーブオイル	大さじ1
にんにく	1片（みじん切りにしておく）
玉ねぎ	1/4個（薄切りにしておく）
しめじ	100g（小房に分けておく）
しいたけ	3枚（薄切りにしておく）
マッシュルーム	3個（薄切りにしておく）
自然塩	小さじ1/4

〈バジルソース用〉（150ml）

フレッシュバジル	30g
アーモンド	35g
オリーブオイル	50ml
にんにく	1片（すりおろしておく）
白味噌	小さじ2
自然塩	ひとつまみ
AFAパウダー	小さじ2

〈グラタンソース用〉

	オリーブオイル	大さじ1
	玉ねぎ	1/2個（みじん切りにしておく）
A	アーモンドミルク（または豆乳）	400ml
A	米 粉	大さじ3
A	自然塩	小さじ1

作り方

1 鍋に熱湯を沸かし、ペンネをゆでる。
2 フライパンにオリーブオイルを熱し、にんにく、玉ねぎ、しめじ、しいたけ、マッシュルームを炒め、自然塩で調味する。
3 〈バジルソース〉を作る。すべての材料をフードプロセッサーに入れ、滑らかになるまで撹拌する。
4 ボウルに1と2を入れ、3の〈バジルソース〉大さじ3で和え、グラタン皿に入れる。
5 〈グラタンソース〉を作る。フライパンにオリーブオイルを熱し、玉ねぎを入れてしんなりするまで炒め、あらかじめ合わせておいたAを加えて木べらで底をあたりながらとろみがつくまで 火にかける。
6 4に5をかけ、200℃のオーブンで15分ほど焼く。

かぼちゃとマッシュルームのAFAリゾット

残りごはんで作れる即席リゾット。かぼちゃのほっくりした食感と玄米の噛み応えが、お口の中で楽しいハーモニーを醸し出し、満腹感が高まります。

材料（2人分）

オリーブオイル	大さじ1
玉ねぎ	1/4個（みじん切りにしておく）
マッシュルーム	4個（薄切りにしておく）
かぼちゃ	100g（1.5cmの角切りにしておく）
出し汁	200ml
アーモンドミルク（または豆乳）	200ml
玄米ごはん	200g
自然塩	小さじ1/2強
AFAパウダー	大さじ1
パセリ	適宜（みじん切りにしておく）

作り方

1 深めのフライパンにオリーブオイルを熱し、玉ねぎとマッシュルーム、かぼちゃを炒める。
2 出し汁を加えてかぼちゃがやわらかくなるまで煮たら、アーモンドミルクと玄米ごはんを加えて自然塩で調味し、一煮立ちさせ、AFAパウダーを加えて混ぜる。
3 器に盛り、パセリをのせる。

AFA生パスタ・グリーンオリーブソース

グリーンオリーブソースは多めに作り、保存瓶に入れて冷蔵庫で保管しましょう。バゲットや天ぷら、グリル野菜とも好相性で応用幅の広い一品です。

材料（2人分）

AFA生パスタ（※42ページ参照）	260g
レモンの皮	適宜（千切りにしておく）

〈グリーンオリーブソース用〉

グリーンオリーブ	100g（およそ1カップ）
ケイパー	大さじ1
にんにく	1片（さっとゆでておく）
松の実	大さじ2
オリーブオイル	大さじ4
AFAパウダー	小さじ1/2

作り方

1 〈グリーンオリーブソース〉のすべての材料をフードプロセッサーに入れ、滑らかになるまで撹拌する。
2 ゆでたAFA生パスタに1を適量からめて器に盛り、レモンの皮の千切りをのせる。

蕎麦の実のジャージャー麺

グルテンフリー食材のひとつとして注目度の高い蕎麦の実。ベジタリアン料理では挽肉の代用にもなり便利です。しっかり味付けした餡はごはんのお供にも。中華麺やスパゲティとも好相性！

材料（2人分）

蕎麦の実	70g
水	150ml
干ししいたけ	2枚
水	300ml
ごま油	大さじ1
しょうが	1/2片（みじん切りにしておく）
玉ねぎ	1/2個（みじん切りにしておく）
にんじん	6cm（みじん切りにしておく）
自然塩	小さじ1/3
赤味噌	大さじ3
アガベシロップ	大さじ1
AFAパウダー	小さじ2
そうめん	2把（200g）
長ねぎ	10cm（千切りにしておく）
きゅうり	1/2本（千切りにしておく）

作り方

1 蕎麦の実を10分ほど浸水させ、流水ですすいでから分量の水と一緒に鍋に入れて火にかけ、水分がなくなるまで10分ほど煮る。
2 干ししいたけと分量の水を鍋に入れ、火にかけて出し汁200mlを作り、引き上げた干ししいたけはみじん切りにする。
3 フライパンにごま油を熱し、しょうがと玉ねぎ、にんじん、2の干ししいたけ、1、自然塩を入れて炒める。
4 ボウルで2の出し汁と赤味噌、アガベシロップ、AFAパウダーを合わせて3に加え、水分がなくなるまで火にかける。
5 ゆでたそうめんを器に盛り、4をかけ、長ねぎときゅうりをのせる。

ブロッコリー餃子

キヌアとブロッコリーを具材にすれば、ヘルシーかつ栄養価の高い餃子のできあがり。AFAパウダーを加えることで、色も美しく仕上がります。

材料（20個分）

キヌア……大さじ3
ブロッコリー……100g（蒸してみじん切りにしておく）

A
- しいたけ……5枚（みじん切りにしておく）
- 長ねぎ……10cm（みじん切りにしておく）
- しょうが……1片（みじん切りにしておく）
- 米粉……大さじ2強
- ごま油……小さじ1/2
- 自然塩……小さじ1/2
- 白こしょう……少々
- AFAパウダー……小さじ2

餃子の皮……20枚
ごま油……適量
しょう油、酢、ラー油……各適量

作り方

1 キヌアは洗って熱湯で10分ほどゆで、水を切る。
2 ボウルで1とブロッコリー、Aを混ぜ合わせ、20等分にし、餃子の皮で包む。
3 フライパンにごま油を熱して2を焼き、軽く焦げ目がついたら水50ml（分量外）を加え、蓋をして蒸し焼きにする。
4 器に盛り、しょう油と酢、ラー油を合わせて添える。

ほうれん草と厚揚げのAFAカレー

カレールーを使わないインド式のカレーです。数種のスパイスとココナッツオイルで本格的な香りが演出できます。辛味が苦手な方は青唐辛子は加えずに。

材料（2人分）

A
- 玉ねぎ……1個
- にんにく……1片
- しょうが……1片
- 青唐辛子……2本（タネを取り除いておく）

B
- トマトピューレ……1カップ
- ターメリックパウダー……小さじ1/4
- ガラムマサラ……小さじ1/2

C
- ほうれん草…200g（ゆでて水気を絞っておく）
- アーモンドミルク（または豆乳）……100ml
- AFAパウダー……大さじ1と1/2

- ココナッツオイル……大さじ2
- クミンシード……小さじ1
- 厚揚げ……200g（2cm角にカットしておく）
- 自然塩……小さじ1弱

作り方

1 ミキサーにAを入れて滑らかになるまで撹拌する。
2 ボウルにBを入れて混ぜる。
3 ミキサーにCを入れて滑らかになるまで撹拌する。
4 フライパンにココナッツオイルとクミンシード、厚揚げを入れて火にかけ、香りが立ったら1を加えて熱し、火が通ったらBを加えてさらに煮る。
5 煮立ったところにCを加え、自然塩で調味し、一煮立ちさせる。

レンコンのAFAサブジ

いつものレンコン料理に飽きたらこんな一品はいかが？　冷めてもおいしくいただけるのでお弁当にもおすすめ！ ピスタチオの代用はアーモンドやくるみでも。

材料（2人分）

ココナッツオイル	大さじ2
クミンシード	小さじ1/2
にんにく	1片（みじん切りにしておく）
レンコン	200g（半月またはイチョウ切りにして軽くゆでておく）
ピスタチオ	60g（粗みじんにしておく）
米粉	大さじ1
ガラムマサラ	小さじ1/2
ターメリックパウダー	小さじ1/2
自然塩	小さじ1/2
AFAパウダー	小さじ1
レモン汁	小さじ2

作り方

1 フライパンにココナッツオイルとクミンシード、にんにくを入れて火にかけ、香りが立ったらレンコンとピスタチオを入れて炒める。
2 米粉とガラムマサラ、ターメリックパウダー、自然塩を加えてさらに炒める。
3 火を止めてAFAパウダーを加えて混ぜ、仕上げにレモン汁をかける。

Q&A

AFA（ブルーグリーンアルジー）のサプリメントについての疑問に、お答えします。

飲み方について

Q1 いつどのように飲めばいいですか？

A　朝一番に召し上がることをおすすめします。空腹時にお召し上がりいただくと吸収率がよく、効果的だといわれています。または、1日の目安量を半分ずつ朝と午後の2回に分けてお召し上がりください。

Q2 1日の目安量より多く摂っても大丈夫ですか？

A　「1日の目安量」「召し上がり方」をご覧の上、ご利用ください。はじめて召し上がる際、胃の不調を感じた場合には、からだがAFAに慣れるまで、目安量より減らしてお召し上がりください。効果に物足りなさを覚える場合は、少しずつ分量を増やしていって、ご自分に合う適量をお決めください。AFAとその効果になじんできたら、摂取量を増減してください。

Q3 天然食品を一切無加工・無添加の状態で摂取することがどうしていいのでしょうか？

A　私たちは、何の成分がどのくらい入っているかなど成分単独で評価をしていますが、自然界では互いに絡み合った多くの成分や要素の組み合わせで、成分同士の総合力や相互力といわれる隠れた働きを生みだしています。人間には作ることのできないその働きが、私たちの体内や脳内で互いに作用しあって優れた結果を生み出すのです。そうした理由から食品は一切の加工や添加物がない自然のままの状態で摂取するのがよいといえます。

Q4 薬を服用していますが、AFAを飲んでも大丈夫ですか？

A　AFAは100パーセント天然の有機食品で、ホールフードです。ご心配やご不明な点がある場合は、医師にご相談ください。

Q5 妊娠中や授乳中でも飲んで大丈夫ですか？

A　妊娠・授乳中はとくに栄養に気を遣わなくてはいけない時期ですが、同時に慎重にしなくてはなりません。ご心配やご不明な点がある場合は、医師にご相談ください。

Q6 子どもが摂っても大丈夫ですか？

A　カプセルや錠剤の形状は基本的に大人向けに開発されているので、大人にとっての適量が表示されています。お子さまには食事や飲み物などにも混ぜやすいパウダータイプのご利用がおすすめです。ご心配やご不明な点がある場合は、医師にご相談ください。

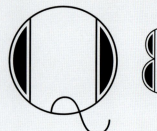

品質について

Q1 どのように保管すればいいですか？

A

・フタ／チャックをしっかり閉め、直射日光があたらない、なるべく涼しい場所に保管してください。とくに、直射日光のあたる窓辺、暖房の噴出し口、調理器具の近くや車の中での保管、テレビなど電化製品の近くなど、温度が高くなる可能性がある場所での保管はおすすめできません。

・高温にご注意ください。カプセルは、湿気、高温でやわらかくなり、粒同士がくっつきやすくなります。
くっつきが生じた場合、振って粒が離れるようなら、問題なくお召し上がりいただけます。ただし、高温になるとカプセル同士が強く固まって離れなくなり、お召し上がりいただけなくなってしまうので、直射日光があたる場所や、暖房器具の近くでの保管はおやめください。

・冷蔵庫内の保管はお控えください。出し入れにより結露したり、カプセルの場合には、固くなることにより、割れやすくなる可能性があります。

・カプセルは、においを吸収しやすい性質があります。においが強いものの近くに保管すると、においが移ってしまう可能性もあるので、ご注意ください。

Q2 AFA（ブルーグリーンアルジー）を選ぶうえで見落としやすい点、また注目する点はどのようなところですか？

A

予め現地でできあがった製品を輸入し販売しているものと、原料を輸入し国内でカプセルや錠剤に加工しボトルに詰めた国産品があります。現地産は、カプセルや錠剤の形状が比較的大きめです。国産品は、日本人にあった形状に配慮されているといえるでしょう。

Q3 現地ではどのような検査をしますか？

A

AFAは、収穫されるとすぐに破片や余分な水分を削除し選別されます。必要に応じて採取船上にある間に、訓練されたクルーの目視やマイクロフィルターを使用し濾過されます。その後、特許をもつ製造工程で完全に除去します。好気性細菌、酵母およびカビ、不純物など、原料および完成品すべてを試験しています。

また、現地では湖の水質検査を行っており、汚染物質が出た場合には、収穫することは禁止されます。

Q4 等級などありますか？

A

アッパークラマス湖のハーベスト会社から出荷した原料は等級付けなどはなく、高品質で安全なものです。市場に出荷できる基準に達しないものは農業用肥料などに使用されます。

veggy Books

ベジタリアンやオーガニック、マクロビオティックにローフード、スーパーフード。
「ベジィ」な生活に欠かせない、食の考え方から生まれた書籍たち。

VEGESUSHI
パリが恋した、
野菜を使ったケーキのようなお寿司

hoxai kitchen（ホクサイキッチン）/ 著
1,300 円＋税
ISBN 978-4-906913-62-6
今、パリやベルリン等、食と健康に関心が高いヨーロッパの都市で注目を集める、野菜を使ったケーキのようなお寿司 “VEGESUSHI” の日本初アート＆レシピブック。

Mieko's Garden Edible Flower Life
食べる花のある生活

小松美枝子 / 著
定価 1,500 円＋税
ISBN 978-4-906913-70-1
食べられる花を使用した肉・魚を使わないエディブルフラワーをふんだんに使用したレシピ集。基本の栽培から収穫をわかりやすく解説。

はじめてのベジタリアン南インド料理
The South Indian Vegetarian Kitchen

ヘーマ・パレック　Hema Parekh/ 著
1,500 円＋税
ISBN 978-4-906913-69-5
スパイスの魔法で、驚くほど簡単。本格菜食インド料理！ インド人料理研究家ヘーマ・パレックによる 9 年ぶりのレシピ・ブック。

スーパーフード図鑑 &
ローフードレシピ

LIVING LIFE MARKETPLACE
1,400 円 + 税
ISBN 978-4-906913-29-9
日本初のスーパーフード図鑑。その驚くべき効果・効能を最大限に引き出すレシピも満載。スープやパスタなどのレシピも。

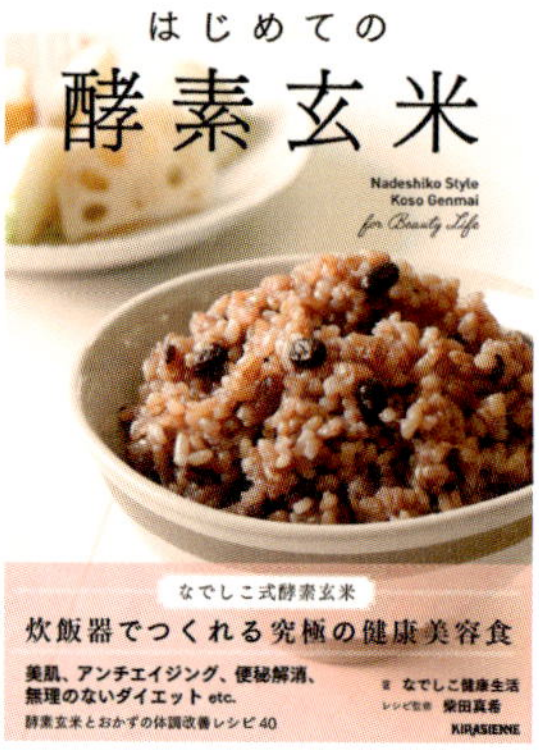

はじめての酵素玄米

なでしこ健康生活 / 著
1,400 円 + 税
ISBN 978-4-906913-33-6
究極の美容食「なでしこ式酵素玄米」を自宅で炊くための入門書。 はじめてでも美味しく、自宅の炊飯器で簡単に。

ベジ薬膳
5 色の野菜でからだを整える

谷口ももよ / 著
1,500 円 + 税
ISBN 978-4-906913-55-8
季節や体調に合わせて作る薬膳の菜食レシピ。一部卵乳を使用。意外に簡単で満足感のある薬膳に夢中になるはず。

Vegetarian Lifestyle Magazine

veggy

定期購読のお申し込みはこちらから！

オーガニックやエコ、伝統などを大切にしながら、プラントベースの食生活を中心に豊かな暮らしを提案するライフスタイルマガジン。美容、健康、医療、教育など多角的な視点でナチュラルライフのヒントをお届けします。『veggy』奇数月 10 日発売　定価 840 円（税込）電子版も発売中。

＼ veggy厳選の商品をお届け！ ／

マガコマース通販サイト

「veggy marche」

magacommerce.jp/veggy

veggy marche

ロー・ヴィーガンスイーツ
グルテンフリー & パレオダイエット

田中さゆり / 著
1600 円＋税
ISBN 978-4906913-57-2
ローフード & ヴィーガン・トップシェフによるローフード・デザートレシピの完全保存版。太らない！ 食べてキレイに！人生が変わるかもしれない!?

はじめてのローチョコレート

veggy 特別編集
齋藤志乃、前田直宏、羽田賀恵、シンヤチエ、松田すみれ、狩野玲子 / 著
1,500 円 + 税
ISBN 978-4-906913-16-9
食べてキレイになるサプリのようなローチョコ。基本から応用まで。

Dish to Dish
マクロビオティックの愛情おうちごはん

岡田英貞 / 著
1,300 円 + 税
ISBN 978-4-906913-31-2
“マクロビオティックとは愛情表現の形” という想いが凝縮された、四季折々のおうちごはん集。コース料理のレシピも公開。

病を根本から治す 量子医学
古くて新しい魔法の健康法

小林健 / 著
1,500 円＋税
ISBN 978-4-906913-58-9
量子医学とは愛のエネルギーワークでもある！
全ての人が愛の波動を持てば、病は全て消える !?

なぜ、アロエベラで育った 子どもは奇蹟を起こすのか？

森下敬一、高沼道子 / 著
1,400 円 + 税
ISBN 978-4-906913-51-0
アロエベラで育った「アロエキッズ」の体験談や、女性に薦める食事法など。医師と免疫栄養研究家の共著。

Vege Cafe Guide in Japan

Macrobi mous/ 監修
1,500 円 + 税
ISBN 978-4-906913-23-7
日本全国 47 都道府県のベジカフェを紹介した保存版。もう外食に困らない。

監修　坂《ばん》野《の》順造《じゅんぞう》

1963年愛知県名古屋市生まれ。名古屋モード学園ファッションデザイン科卒業。アパレル関係数社を経て2012年健康食品販売業を開業。2016年オリハルコン株式会社設立。健康管理士一般指導員として健康管理アドバイスを行い、セミナーを開催。海外からの希少スーパーフードの商品開発、スーパーフードを取り入れたスイーツやパスタなどのプロデュースにも取り組んでいる。

P8-19 監修　二《に》階堂《かいどう》保《たもつ》

1940年東京都生まれ。東邦大学薬学部卒業。大正製薬研究部合成研究室勤務後、東邦大学薬学部助手。以後同大学、講師、助教授、教授を務める。2006年3月定年退職。4月より東邦大学名誉教授。1983年「漢薬中の酵素阻害物質について」東京大学学位記（薬学博士）。1984年カナダ、ブリティッシュコロンビア大学に研究員として１年間留学。退職後、長野県安曇野市に特定非営利活動法人「シナノキ」を立ち上げ、薬草栽培、採取などの指導に当たる。またマコモの栽培並びにその有効利用にも取り組んでいる。

アートディレクション・デザイン：松本菜美（ACQUA）

編集：揚石圭子

イラスト：紅鮭色子

撮影：稲垣純也（P27-29・34-37）、nobuyuki narita（P30-33）、
榎本夏彦（P38-39）、宮田政也（P40-42）、
八幡宏（P44-91）、川島亘平（風景写真）

調理アシスタント：山守弘恵（P76-91）

BLUE GREEN ALGAE

神秘の古代食

AFA

ブルーグリーンアルジー

2018年2月10日初版発行

監修　坂野順造
発行人　吉良さおり
発行所　キラジェンヌ株式会社
〒151-0073　東京都渋谷区笹塚 3-10-2 青田ビル 2F
TEL：03-5371-0041
http://www.kirasienne.com
印刷・製本　モリモト印刷株式会社